# 나무 날다

김진혁 시조집 6

시와사람

# 나무 날다

■ 시인의 말

세월은 물처럼 빨리 흐른다더니
마지막 시조집을 낸지 벌써 10년입니다.
그동안 가꾼 씨앗들을 한데 모아
여섯 번째 시조집 『나무 날다』에 심습니다.

꿈을 가진다는 게 얼마나 아름다운 일입니까?
낱낱의 씨앗들이 예쁜 꽃을 피울 그런 꿈 말입니다.
그러나 초라한 내 작은 영혼의 텃밭에서
과연 꽃은 필까요?

시조는 내 그림자요, 동반자이면서
때로는 영혼을 씻어주는 종교입니다.

가슴 속에 꿈틀대는 서정과 사랑, 반목과 질시,
그리고 죽음까지도 당신의 고운 빛으로 승화되어
그 속에서 움트는 진솔한 생명력과 싱싱한 에너지로
새로운 세상을 만들기도 하고 갈 길을 재촉도 합니다.

세월이야 무심히 흐를지라도
우리들 가슴 속에 간직한 모든 꿈들이
꼭 이루어지길 소망하면서…….

계묘년 정월
김 진 혁

나무 날다/ 차례



## 1 봄날 음吟

## 2 사랑은

## 3 떠들지 마



## 4 대나무경經을 읽다

## 5 황혼녘의 시

# 1

## 봄날 음吟

오늘은
내 문장 닫고
그대 시를 보듬세

# 백목련

담장 너머 탐스러운 우윳빛 꽃봉오리
보고도 못 본 체 하며 그냥 갈까 돌아갈까
가슴만
콩콩 뛰었던
첫사랑 순이 생각.

# 봄의 소리 1

보슬보슬 봄비가
꽃밭에 내려와

늦잠 든 꽃씨에게
간지럼을 태웁니다.

까르르
팔분음표로
봄을 여는 웃음소리.

# 봄의 소리 2

한무리 새 떼들이
가지 위에 날아와

짹짹이다 콕콕 쪼며
겨울잠을 깨웁니다.

봄의 창
가만히 여는
연둣빛
저 손가락.

# 봄날 음吟

일흔 고개 넘어서니
저승꽃만 피는데

매화 옛 등걸
화사하게 봄을 연다.

오늘은 내 문장 닫고
그대 시를 보듬세.

# 봄, 만개滿開

뻥튀기 기계 속에
춘삼월을 집어넣고

아지랑이 불을 지펴
서서히 달구더니

뻥이요,
소리도 없이
일제히 터지는 봄.

# 맨드라미

처갓집 뒤안 장독대에
놀란 암탉 한 마리가

벼슬만 내어 놓고
숨죽여 숨어있다.

어떻게 눈치 챘을까?
큰 사위 왔다는 걸,

# 매미울음

겨우 한 달 살려고
면벽공심面壁功深 수년이었네.

목청껏 불러 봐도
그대 소식 감감할 뿐,

사랑은 언제 오려나
그리움은 폭포 됐네.

# 염천炎天 소묘

풍경風磬 속 물고기는 하품만 게워내고
삽살개 그늘을 찾아 배 깔고 저승 갔네.
장대 끝 고추잠자리 날개 편 채 익었구나.

## 풍경風景 5

구시포 앞 바다에
지는 해 잡으려고

수천 마리 가창오리 떼
그물을 치더니만

어디로 사라졌을까
텅 빈 하늘
노을만 붉네.

# 가을바람

소금쟁이 신발을 신고
윤슬 위를 달리다가

가을 숲을 지날 즈음
오색 물감 쏟더니

지금 막
대웅전 처마 끝에서
풍경風磬치며 놀고 있다.

# 나무 날다

나무의 꿈
날고 싶다.
그래서 잎을 피운다.
수많은 가지로
날갯짓 하다보면

기어이
하늘을 날 것이다.
바람 몹시 부는 날.

# 청산은 나를 보고

비워야 채울 수 있다
다 비우고 오라하네.

버려야 멀리 간다
다 버리고 가라하네.

비우고
버리고 나니
오도 가도 못하네.

# 폭포

쏟아라, 죄다.
속이 확 풀릴 때까지
내 앞에선 아무도 범접犯接하지 못하리라.

몹쓸 것
다 쏟아버리고 나니
이제야
좀
살 것 같다.

# 고드름

굽이굽이 돌아간다고 줏대 없는 줄 알았더냐.
도란도란 흐른다고 성깔 없는 줄 알았더냐.

보아라,
엄동의 처마 끝에
살의殺意의 저 눈빛을,

# 달 2

누군가
기웃기웃
창밖을 서성이나.

커튼을 젖히고
창문을 열어보니

잎 다 진
가지에 걸려
떨고 있는 눈썹달.

# 무위無爲 2

보는 이 있건 없건 달은 허공을 비추고
바람은 만나는 대로 온갖 소리를 낸다.

시공 속
소리도 없이
풀잎이슬 하염없다.

# 한글서체, 시조 옷을 입다

## 정자체

반듯한 이목구비에
쪽진 머리 옥비녀 꽂고
한복을 차려 입으니
맵시도 수려하다.

한 치도 빈틈이 없는
절세의 미인일세.

## 흘림체

물 오른 실버들 가지
봄바람에 춤을 추듯

애달프게 이어지는
서편제 가락이듯

긴 강물 구비쳐 흘러

써 내려 간 연서이듯,

**판본체**

앞으로 가기 전에
스스로를 돌아보고

중용中庸 절의節義 갈기 세워
말 달리는 저 기상

마침내
중원을 꿈꾸는
호방한 대장부라.

## 본제입납本第入納

아직도 안 늦었으니 늙었다고 손 놓지 마오.
백양사 고불매는 동안거 끝에 봄을 열고
꽃술에 묻힌 청향은 삼백년을 걸렀다네.

# 2

## 사랑은

모난 곳
갈고 다듬어
둥근 세상 만드는 일

# 사랑은

두 마음 한데 뭉쳐
구슬 하나 만드는 일

존경과 신뢰 속에
배려하고 희생으로

모난 곳
갈고 다듬어
둥근 세상 만드는 일.

# 탄생 2

-지우에게

어느 먼 길을 돌아 내 품에 안기는가.
우주를 다 담을 눈망울 깜박이며
황혼녘 가슴 재우는 혼절할 이 호사好事.

너의 맑은 눈빛은 행복의 샘물이리.
퍼내어도 다시 솟아 기쁨은 가없으리.
이 목숨 이운다 해도 마르지 않을 내 사랑.

# 그대는

내 가슴 적시는
그대는 풀잎 이슬
그리움 한데 모아 방울방울 맺혔다가
수천의 빛 사래로 터지는
영혼의 물보라여.

떨어져 부서지는 아픔
사랑인줄 몰랐네.
메마른 가슴 속에 샘 하나 파 놓고
수천의 눈물방울로
채워지는 내 사랑.

# 돈빨

아무리 말을 해도 딴청만 부리더니
사임당 건네주니 훠훠 늘어진 봄버들
그러니 새벽 잠 설치고 임 맞으러 갈 수밖에.

*돈빨 : 돈의 힘

# 이녁*

삼킬 만도 하건만
목에 걸려 자꾸 토악질이다.

세월은 무심하게
그냥 간 줄 알았는데

전생에 무슨 업보로
천 근 만 근 짐이 되었나.

*이녁 : 남편이 아내를 가리킬 때 쓰는 말

# 인연

아무리 고운 풍경風磬도
바람 없인 못 울고

동산에 둥근 달도
태양 없인 자취 없듯

너 땜에 살았나보다.
귀 못 박는 바가지 소리.

# 풀꽃

인적 없는 길섶에 풀씨 하나 싹이 돋아
밀어 올린 꽃대 끝에 작은 꽃을 피운다.
남 몰래 하늘을 받히고 낯선 세상을 연다.

남 몰래 피고 진 게 어디 풀꽃뿐이랴
가슴 속 꽃대 끝에 피다 진 얼굴 하나
스치는 바람결 따라 그리움의 하늘을 연다.

# 나무의 꿈

우듬지 잎새까지
어찌 물을 퍼 올리나

연둣빛 작은 잎새가
햇빛에 반짝인다

오로지
꿈을 향하는
끈질긴 맥박소리.

바람이 불 때마다
잎들은 날개를 펴

하늘 나는 꿈을 꾸며
일제히 퍼덕인다

언젠가
그 날이 오리라
또 한 잎
깃을 다네.

# 봄 기척

결빙의 모서리를 빠져나온 목숨들이
해맑은 목청을 틔워 골짜기를 간질이면
겨우내 움츠린 가슴에 피가 도는 박동 소리.

군불 지핀 아궁이 속 아른대는 아지랑이
보리밭 종달새는 하늘 맑게 닦아 놓고
또르르 파란 구슬을 연신 굴러 쌓는다.

싱싱한 언어들이 강물처럼 풀린 산하
앙상한 뼈만 남은 잿빛나무 들 숲에는
뿌리 끝 물 긷는 소리 푸른 숲이 보인다.

# 굴비

짜릿한 파도자락 비늘 속에 감추고
불어오는 갯바람에 젖은 몸을 말리다
눈 뜬 채 바라만 보는 먼 수평 남해바다.

몸뚱이는 얼레에 묶여 덕장에 매달고서
비릿한 바다 내음 해풍에 날리며
밤이면 달을 보듬고 깊은 잠을 청해도 보고,

황금색 그 빛깔로 우러나는 고소한 맛
천장을 쳐다보며 흘린 침에 밤을 먹던
그 옛날 자린고비도 전대 풀어 모셔온 몸.

# 곰탕을 먹다가

뽀얗게 우려 내온 사골 곰탕 한 사발에
햇살 담은 쌀밥 말아 한 끼 허기 채웠다.
이제는 좀 살 것 같다. 파란 들도 보인다.

벽에 걸린 소 떼들의 선한 눈이 슬프다.
나 살려고 너를 먹는 이게 무슨 업연業緣인가.
속으로 되뇌어 본다. 고맙다. 미안하다.

# 파도

아직도 저 파도는
그리움을 몰고 와
멍이 든 갯바위를
때리고 또 부순다.
생가슴 다 허물어져
모래가 될 때까지,

얼마를 더 지나야
그리움은 결이 삭아
달빛 아래 숨 고르며
모두 잊고 잠이 드나.
아직도 미련이 남아
철썩이는 파도여,

# 꿈꾸는 씨앗

쪼개 보면 그 속에 미륵보살님,
두 손 모아 기도하고 있어.

대를 이어 물려받은 유전자를 움켜쥔 채
좋은 곳에 뿌리 내려
파릇한 싹 틔우고
오색 꿈 곱게 피워 달라고
늘 기도하고 있어.

제 살 허물다 보면
끝내 목숨 사라지지만

사라지는 목숨 끝에 열리는 또 한 세상
오늘은 꽃으로 피고 내일은 씨앗 맺으니 세월은 감쪽같네.

한 평생
속절없어도
늘
영원을 꿈꾸네.

# 개여울

조약돌 사이로
우루루 몰려나와
뒹굴다 넘어졌다
흰 물살도 일으키며

까르르
배꼽을 잡고
신이 나서 흐른다.

장난치기 좋아하는
개구쟁이 내 동생처럼
맨발로 물장구치며
하루 종일 놀더니만

밤이면 매 맞는가 보다
엉엉 울며 흐른다.

# 등불

그대 떠나신다면
등 하나 걸어주세요.
그대 그리움 사무치면
등에 불을 밝히고
추억의 강을 거슬러
그대 찾아 가리다.

그대 정녕 떠나신다면
등불 하나 드릴게요.
외로움 사무치면
그대 등불 높이 들고
소리쳐 불러주세요.
나 거기 있을게요.

# 허공놀이

허공중에 떠다니는 자모음을 꼭 잡아서
이리 걸고 저리 꿰어 생각들을 엮다가
은하수 심연에 빠져 한참을 허우적댔어.

그 속에 빈자리는 상관없이 생겨나고
소리 소문도 없이 채워졌다가 비워지니
생각이 허기진 날엔 쓰다 말다 또 지웠어.

세월은 허공을 갈아[耕] 끝없이 길을 내고
인생은 톱니 속에 맞물려 도는 만다란데
이제는 떠나지 마라. 같이 놀자 나의 시여.

# 눈 오는 밤

처음엔 무심히 지나가는 구름
그저 지나가는 바람인 줄 알았는데
몰랐네.
일렁이는 그리움이
눈 되어 쌓일 줄.

오가던 길목마다 혹한의 상처 다 지우고
아, 저 무변광대한 순백의 화판 위에
꿈꾸네.
담묵 적셔 다시 그릴
남은 사랑 이야기.

# 3

# 떠들지 마

백년도
못 사는 주제에
뭣 안다고들 떠들어.

# 떠들지 마

올해도 어김없이 봄을 연 고불매*는
삶이란 이런 거라고 붉은 입술 삐쭉대며
백년도 못 사는 주제에 뭘 안다고들 떠들어.

*천연기념물 제486호로 지정된 장성 백양사의 350년 된 매화나무

# 물의 말

도란도란 흐른다고 맨맛하게 보았더냐.
마냥 낮게 엎딘다고 쓸개 빠진 줄 알았더냐.
보아라, 흰 뼈를 세워 바위도 뚫을 테니.

# 폭염경보

가로수는 햇살에 찔려 초록 피 흥건히 쏟고
널브러진 시취屍臭가 녹음 속에 가득하다.
숨통은 목까지 차올라 거의 실신 상태다.

소리 없는 공포 속에 도심은 텅 비었는데
줄기차게 외쳐대는 쓰르라미 구호소리
목조인 염천을 향해 사생결단 농성이다.

지상의 생명들은 임종이 임박했다.
흘릴 땀 다 흘리고 혓바닥만 길게 뺀 채
가마솥 지핀 불길에 타는 듯 고스러진다.

# 여름 난장亂場

분노하는 반도는 제국의 여름 같다.
폭염과 장맛비로 목이 타고 떠내려가도
말 많은 여의도 사공들 말꼬리 잡고 산으로 간다.

그 중에 어떤 놈은 훔쳐보고 장난치고
거짓이니 사실이니 사생死生이 결단 날 판
살쾡이 인피를 쓰고 이전투구 가관이다.

거짓을 말하는 자 진실을 왜곡한 자
알고도 모르는 척 수서양단首鼠兩端 꼬락서니
민중은 촛불을 들고 똥침 놓는 중이다.

# 유다에게 1

울지 마라 유다야
고맙고 미안하다

정해진 각본대로
연기 참 훌륭했다

믿을 놈 너 밖에 없다
니 덕에 내가 산다.

# 유다에게 2

길 찾던 사람들이
눈치 채지 못하고

다 털리고 죽었으니
공소권 소멸됐다.

죽은 놈
살아온다면
어쩔 뻔 했냐. 유다야.

# 유다에게 3

이번에 낙방했더라면
생각만 해도 끔찍하다

다른 사람은 몰라도
니 잘못은
다
묻어두마

무속도
구원 받는갑다
니 덕에 내가 산다.

# 다시 백마강에서 2

역사는 승자의 편
백제의 혼이 애달프다

목숨을 지핀다한들
저 물길 어이 바꾸리

오늘은
강둑에 앉아
패자의 눈물을 보았다.

# 잿밥

잘 못하긴 했는 갑네.
삭발까지 하는 걸 보니

머리털 자랄 때까지라도
조신操身하겠다는 거냐?

아니야,
줄 서기 하는 거다.
금배지를 위하여,

가재는 게 편이고
팔은 안으로 굽는 게 맞제.

소속이야 없다 해도
되면 그 밥에 그 나물이여

나라를 뒤집어 놓고도
손가락 자른 놈 하나 없네.

# 황사

펄벅의 메뚜기 떼가 까마득히 몰려온다.
무질서한 혼돈 속에 그림자 없는 하루
한반도 금수강산이 하루만에 다 먹혔다.

# 국민의 짐

이제 와서 바뀐 전략
좌도 우도 모두 내편

종북 주사로 몰아야만
꼼짝없이 잡는 거여.

증거란
만들면 되지
이게 우리 전공 아닌감.

내가 하면 애국이고
니가 하면 매국이라

옳은 것도 그르다고
반대로만 가다보니

선량選良들
산으로 올라가
그물치고 자빠졌네.

# 연鳶

높이 올라갔다고
니 맘대로 될 줄 아냐?

얼레에 감긴 연줄
그 끝에서 넌 떨고 있어

함부로 나대지 마라.
줄 끊기면 끝이다.

그 만큼 날 수 있었던 건
돌개바람 덕이지만

억지를 부리다가
그 바람 잘 못 타면

대가리 목줄에 걸려
추락할 게 뻔하다.

# 똥별

온 시대 갈피 속을
마구 휘젓는 망나니

불꽃 한 획 못 긋고
추락한 저 꼬락서니.

애당초
그럴 줄 알았다.
너는
한낱
똥별이니,

*똥별 : 별똥(유성)의 찌꺼기

# 어떤 재판

휘어졌다
늘어졌다
조개처럼
꽉 다물다

법망法網에 빨대를 꽂고
눈치 보는 미어캣

어디에 하소연 하랴.
백인백색
아사리 판.

# 종술이에게

요즘 세상 돌아가는 꼬락서니가 왜 이런당가,

서울 한복판에 자네 뺨 칠 놈이 나타나 부렀는디, 아무리 그래도 그렇지. 주인 뺨 때리고 돌아선 놈한테 글쎄, 그게 무슨 장한 일했다고 땔싹 큰 완장을 채워줬다지 뭔가, 미친놈들. 아는 게 있어야 면장도 한다는데 하는 꼴 얼추 보니 아무 짝에도 틀려 부렀어. 배운 것이라고는 잡아넣는 것 뿐이라 그것 빼고는 아무것도 모름시롱 느슨한 허리끈에 똥배 걸치고 꺼덜거리는 꼴 좀 보소. 조직에 충성한다고 그쪽 놈들만 앉혀 불고, 경제위기 물가상승은 전임자 탓만 하고, 방책을 세우라하니 무대책이 상책이고, 공약公約은 공약空約으로 날려 불고 헛소리 지껄이다 아니면 말고, 우리 살림 어려운 건 세계 환경 탓만 하고, 첨 해봐서 잘 모르니 가르쳐 주라하니 언제 배워 이 난국을 헤쳐 갈까 걱정이네. 주민들만 보고 간다더니 모두들 등 돌려 부렀어, 바라 볼 놈이 있어야 가기나 하지. 이래저래 불쌍한 주민들 피해만 쓰나미로 밀려올 게 뻔한디 이를 장차 어쩌면 쓰것는가. 부창부수婦唱夫隨하는 꼴이 자네와 비젓하고 유유類類는 상종相從이라 자네와 잘 통할 것 같으니 부월이랑 상의하여 같이 한번 만나설랑 자네 완장 갖다 주고 그 놈 완장 빼사 오소, 잉!

안 되면
화끈하게 보내 불소
속 터져 못 살것네.

*윤흥길의 소설「완장」을 모티프로 함
*종술이 :「완장」에 등장하는 왈패건달인 주인공
*부월이 : 동네 술집 작부인 종술이 애인

# 2022년 여름

날씨는 푹 푹 찐디
하는 짓마다 존나 열 받치네!

민주세상대명천지에공정과상식의가면을쓰고슬금슬금양심을갉아먹어치우더니그것도모자라이젠체면이고나발이고상관없이날뛰고들있으니내일은또무슨일이터질랑가걱정이태산이네.경찰국신설만해도그러제,법을무시하고령만고쳐온세상을지손아귀에넣으려는속셈누가모른감?이제는옛날과달러.눈뻔히뜨고당할백성들이아니여.서결스런놈한테속았다고거리로뛰쳐나와퇴진과구속을외치고저야단들인데글쎄,시끄럽게구는개돼지들은밥만주면조용할텐께밥이나퍼주고재워라했단디우리가개면너는개새끼여뭐여!아이고,또터져부렀어,찾아가뵈려해도선듯허락하지않을국빈이찾아왔는디나몰라라하는통에사람대접못받았다고화가잔뜩난모양이드만눈치못챈겨?생각해봐,너라면화안나겠냐.만나지도못하고겨우전화걸어모면한가했더니거기서감사하다했다는말을꼭방송해야쓰것냐.에끼,눈치코치도없는사람들.대표라고한놈을육개월잡아묶어놓고지기들끼리이전투구하는바람에어허,이놈들진짜,국민의짐되어부렀어.도어스탭핑,말

이좋네.소통한다해놓고맘에안들면버럭대고시원한대답없이'글쎄'로만일관하다'아니면말고'로매듭지어부니이것이정치여개그여.민생문제는시장원리에따르니각자도생하라는데그런너는뭐하는놈이여,갑자기잠옷바람으로탈출하는세월호선장놈이왜떠오른지몰라.신물나고오만방자한신통방통꼴통님들은완장찬빠떼루나리들과한통속이되어사타구니속에꼴랑지감추고도리도리미어캣대가리눈치만보고자빠졌으니이런게다복창터지고환장할일아닌감?

오살 것,
소나기라도 한바탕 확 쏟아져 불제
열불 나서 못 살것네.

# 강물이 되어

눈물이강물되어
한반도를적십니다.

마음속깊은곳에서터져나온비통의눈물은수천수백만의 가슴속에적셔흘러도도한강물을이룹니다.임이여,분단60년,민주화30년이지난이땅,이시대의강물에아직도가로막고있는바위와맞서싸우다당신은갔습니다.민족의통일을위해자유와평화를지키려고피흘리며산화한수많은호국영령과민주투사들의넋을이어받은우리대통령.남북이갈라지고동서가돌아앉은만신창이가된한반도를품어안으려애쓰셨습니다.오천년역사의푸른넋이살아숨쉬는동방의작은나라,우리들따뜻한어머니의품속,대한민국을위해불의와타협하지않고노동자,농민,소외계층을대변하며어둡고굶주린골목골목희미한불빛이되고자했던임이기에더욱애통합니다.많은사람들을힘들게했다고그래서저를잊어달라고소중한목숨던져자욱한안개를깨치려했습니까.한없이흐르는눈물이모여강이됩니다.그리고그강물은분단과갈등과원망과질시에민중의푸른넋으로분연히일어나처부수고새로운모습으로도도히흐를것입니다.죽음을택한당신은우리가슴속에지워지지않는민주사회의횃

불로남을것입니다.잘가시오.참다운민주세상,그날이오면 당신이꿈꾸었던사람사는세상.겸연쩍은미소와넉살스런 말투와바람가르며타는자전거와막걸리한숨배와너무나 인간적이기에바보스러웠던당신,그러한당신이꿈꾸웠던 바보스런아름다운삶,그날이올때까지항상당신은우리안 에함께할것입니다.

우리들가슴속에강물이된
바보 노 무 현이
오늘더욱그립다.

# 4

# 대나무경經을 읽다

천하가
태평하구나
중생구제 내 뜻일세

# 선암매仙巖梅*

고희도 일장춘몽
저승꽃만 만발한데

올해도 선암매仙巖梅는
새 봄 물고 생긋 하며

겨우내
거른 청향을
보시報施하고 있구나.

*천연기념물 제 488호로 지정된 순천 선암사의 600년 된 매화나무

## 별소뜰*

너 그곳에 가 봤니?
'별들이 소곤대는 뜨락'

아빠랑 심은 별들이
반짝반짝 꽃을 피웠어

밤에는 은하수로 흐르고
낮에는 뜰에서 소곤대지.

가만히 귀 기울여 봐
웃음소리도 들리잖니?

이른 봄부터 일 년 내내
꽃이 되고 별이 되는
닥풀꽃 애기동백 수선화 만병초꽃
녹나무 정금나무 금목서와 은목서

아빠의 손끝에서 핀
별처럼 빛나는 뜰.

*전남 장흥군 관산읍 옥당리에 소재한 민간 정원.

# 달

순욱골*에 둥지 튼 달이
너무나 애련도 하여

눈썹 끝에 매달고 와
머리맡에 뉘어놓고

가만히 안아 주었다.
소리 없이 울던 너.

*퇴직 후 연천군 청산면에 있는 규석 광산에서 잠깐 근무함

# 순욱길 단상

더는 갈 수 없는 막다른 산 387번지
산마루 휘휘 저으며 까마귀 울음 몇 떨구고
바위 틈 떡갈나무 이파리 가을빛에 사그라진다.

잡목 숲 텃새들은 빛에 취해 하늘 맴돌고
얼굴 붉힌 낙엽들은 무슨 사연 그리 많아
둘러 친 채석장 아래 엽서인 양 쌓이는가.

# 내장산 단풍

늦가을 내장산은 다비식이 한창이다.
세월의 갈피에 낀 온갖 번뇌 태우는 중
대웅전 풍경소리는 구천의 길을 열고,

# 늦가을 추월산

늦가을 추월산은 갈맷빛 휘장을 걷고
상기된 얼굴로 산정을 넘어간다.
한 시절 철없는 욕망들을 하나 둘씩 버리며,

한때 꿈을 나누던 이웃들도 다 떠나고
바짝 마른 몰골로 깊은 신음 몰아쉬며
보랏빛 시린 하늘에 지긋이 몸 기댄다.

가슴에 숨긴 소망 천지간에 묻으며
뼈만 남은 몸이라도 이 겨울을 넘어서자.
언젠가 다시 찾아 올 봄날을 꿈꾸며,

# 신 세한도

바람은 날을 세워 지울 가지 다 자르고
세파에 옹이 진 몸 굽은 듯 서 있어도
안으로 솟구쳐 오르는 예술의 혼 푸르다.

눈 쌓인 지붕 위에 하늘을 받혀 이고
역경을 딛고 서서 시대의 창 열더니
대륙을 흔들어대던 조선의 작은 거인.

지울 것 다 지우고 뼈대만 남은 정수精髓
소리 없는 함성들이 화선지를 뚫고 나와
한 세기 세월을 꺾어 우뚝 선 저 기품.

# 겨울 무등산

빛바랜 잎새들을 찬바람에 날리고
앙상한 가지 끝에 남은 수액 말리며
한 시절 벅찬 욕망들을 나이테로 새긴다.

생사고락 나누던 가솔들은 떠나가고
바짝 마른 산등성이 깊은 신음 몰아쉬며
보랏빛 시린 하늘에 비스듬히 몸 누인다.

이루지 못한 소망 쯤 넓은 품에 다독이며
추운 겨울 견뎌내며 새 봄을 꿈꾸리라.
눈 쌓인 입석대 아래 꿈틀대는 뜨건 불길.

# 곡성찬가

줄기차게 달려온 백두대간 끝자락쯤

마지막 힘을 쏟은 소백 노령 갈림길에
주름주름 산맥들이 머리맡에 진을 치고
동악산과 최악산, 통명산과 봉두산이
서로서로 발돋음하며 키를 재고 있는 사이
섬진강 발원지인 진안군 데미샘물
임실 순창 지나면서 몸피를 불리더니
기암괴석 녹음방초 어우러진 솔목을 따라
90리 물길 남으로 뻗어 압록진에 이르고
온수천 석곡천이 대황강을 이루어
섬진강과 합류하여 하동으로 흘러가네
산은 산통도 없이 계곡 속에 산사 낳고
홀로 가는 강물은 벼랑 위에 정자 지으니
두 산맥 머리에 이고 두 강물 품어 안은
산 좋고 물 좋은 천혜의 환경이라
산천경개 이만하면 고을마다 명승지요
봉황머리 장군봉에 영웅호걸 없을 손가

곡성은 숨겨진 보석
호남의 진주로세.

# 항아리 예찬

난초무늬 검은 치마 통통한 몸맵시는
필시, 다산多産을 염원하던 조선의 여인이요
집안 일 하는 걸 보면 부잣집 맏며느리.

소금물 가득 채워 된장 간장 우려내고
배추김치 갖은 양념 꾹꾹 눌러 재워도
시킨 일 불평도 않고 잘 삭혀 진상進上하니,

조선의 간장 된장 김치 맛도 내 덕이라
타고난 성품으로 헌신하며 사는 삶이
박물관 전시장 안의 백청자에 비길손가.

# 팔공산 갓바위

아직도 불법佛法의 끈
차마 놓지 못하고

천년을 견디어 온
만년의 침묵이여.

관봉冠峰에 바위갓 쓰고
지칠 법한 무거운 생.

오가는 천년 세월
인적은 자취 없어도

관암사 바람소린
예나 제나 그대론데

언제쯤 고해苦海를 건널까.
아직도 그 끈을 잡고 있네.

# 수석보살壽石菩薩님

수 억 년 비바람에 갈고 닦은 깊은 도량度量
버릴 것 다 버리고 법신法身의 사리로 남아
좌대에 가부좌 틀고 앉아
남은 목숨
정진精進 중.

# 운주사 별곡

구르는 돌 하나에도 천금이듯 귀한 인연
손길 닿을 때마다 부처되어 일어서니
하룻밤 하루 낮 사이 쉴 시간이 있었으랴.

오로지 불심 하나로 다듬고 또 쌓았으나
새벽 닭 우는 소리에 석공들이 다 떠나고
마지막 와불 두 부처는 일어서지 못하네.

오늘도 산등에 누워 천년 잠에 빠진 와불
잠을 털고 일어서서 천불천탑 다 깨워라.
깨어나 약속의 바다를 향해 가뭇없이 나서거라.

한 천년 고인 염원 꿈결인 양 자취 없고
일그러진 천불천탑 가을비에 젖는데
오늘도 무심한 바람만 빈 가슴을 적신다.

# 명옥헌* 소견

**- 명옥헌**

흐르는 물소리가 옥구슬 소리던가.
귀 먹은 늙은 정자 물소리를 놓치더니
건졌네, 홍옥보다 더 고운 자미목의 붉은 꽃잎.

**- 배롱나무**

평생을 깨 벗은 채 부끄럼만 타더니
연꽃아씨 탐내나 봐. 수면 위로 허리를 굽혀
농염한 붉은 입술로 계속 수작 부리는 중.

**- 연못**

네모 난 작은 연못 하늘 한 폭 내려왔네.
연잎 위 청개구리 구름 속을 헤엄치고
참새 떼 물속을 날며 수초 속에 집을 짓네.

* 담양군 고서면에 있는 명승 제 58호.

# 약사암 사계四季

언 하늘 눈 비비며 잠긴 산사 문을 연다.
진달래 목련꽃도 망울을 터뜨리는
화사한 연둣빛 세상 골마다 화엄이다.

한바탕 소나기로 먹빛 하늘 맑게 씻고
덧칠한 진 초록빛 무르녹은 녹음 속에
시퍼런 날을 세우며 더위 쫓는 쓰르라미.

길 잃은 갈대바람 뒤 안에 숨어들어
빛바랜 시간들을 갈잎에 부리는데
섬돌 밑 귀뚜리 소리 가을밤이 참, 깊다.

눈 쌓인 암자는 둥지처럼 고적한데
계곡물 소리 낮춰 얼음 꽃을 피우고
청대 숲 산새 몇 마리 적막을 털며 난다.

# 대나무경經을 읽다

- 죽녹원에서

뿌리는 매의 발톱 대지大地를 움켜쥐고
장마 태풍 몰아쳐도 꿋꿋하게 자리하니
마음의 근본을 다잡아 흔들림 없이 살라하고,

하늘 향해 곧게 크되 사시장철 푸르니
큰 뜻과 고귀한 인품 꺾일망정 굽히지 않고
임 향한 늘 푸른 마음 군자의 덕목이요,

마디마다 절節을 하되 그 속은 비었으니
제 분수 제가 알아 굽은 길로 가지 말고
무소유 정신 하나로 집착을 버리라네.

한 매듭에 가지 하나
천千 가지에 만萬의 잎이
제각기 제 맘대로 부딪히고 흔들려도
한 뿌리로 곧게 서서 억조창생 다스리고
잠깐 스친 바람에도 파도소리 자아내니
세파에 지친 중생들의 영혼까지 씻는다네.

꽃이랑 열매랑은 욕심내지 않아도
자손만대 번창하니 부러울 게 하나 없네.
한때 피는 꽃이란
철 지나면 자취 없고
시공 속 삼라만상
세월 가면 사라지니
욕심은 부질없는 것
붙잡아 무엇 하리.

열 가닥 스무 가닥 닿는 대로 쪼개져서
대바구니 대 돗자리 죽침에 죽부인까지
기꺼이 목숨을 바쳐 홍익정신 실천하고,

마디 잘라 구멍 내어 지그시 숨 고르면
오묘한 율려律呂되는 만파식적萬波息笛 내 몸이요,
인생 고해 거친 풍랑도 피리 불어 잠재우니
천하가 태평하구나, 중생구제衆生救濟 내 뜻일세.

# 소쇄원 사계四季를 거닐다

엄동의 뼈가 녹아 새벽안개 부른다.

햇살 자락 조심스레 언 하늘 걷어내니
바위서리 에돌아 흐르는 물소리에
늦잠 깬 봄의 화신花神 서둘러 눈 비비고
메마른 가지마다 꽃망울 깨우면서
벌 나비 유혹하듯 봄날을 희롱하듯
오방색향五方色香 풀어내니 온 산 향기 가득하다
오남정 샘물가 푸른 이끼 얼굴을 씻고
피라미 떼 노는 곳에 다람쥐 구경 왔네
제월당 기웃대는 샛노란 산수유는
꽃인 듯 이파린 듯 도톰도톰 피어나고
이제 막 깬 백목련 하얀 속살 눈부신데
새잎 틔워 섞어 피는 연분홍 진달래 꽃

가는 봄
아쉬워하며
꽃잎들이 지고 있다.

금방 열린 파란 하늘 뭉게구름 정겹다.

따가운 햇살 바늘 쏟아지는 광풍각엔
진초록 잎새 무르녹아 녹음 더욱 짙어오고
폭염을 찢어내는 날이 선 매미소리
시퍼런 폭포가 되어 정수리에 쏟아진다
청량한 바람자락 대숲 속을 맴돌지만
더운 숨을 몰아쉬는 배롱나무 힘이 겹다
한바탕 소나기로 머리감은 버들 잎새
동백기름 바른 듯 초록빛이 영롱한데
순채 둥근 이파리는 빗방울을 털고 있다
웃통 벗은 오곡문은 조담 아래 물길 트고
소나기로 넘친 계곡 물소리 요란한데
어디서 날아왔나 볕에 익은 잠자리 몇,

장대 끝
맴을 돌다가
한가로이 담을 넘네.

처서 햇살 누그러지니 골 그림자 서늘하다.

매대梅臺밭 한 모퉁이 늦게 핀 국화송이
찬 이슬 머리에 이고 노랗게 저무는데
서리 맞아 놀란 억새 얼굴빛이 창백하다
길 잃은 대숲 바람 애양단 뒤뜰을 돌아
빛바랜 시간들을 조담 아래 부리는데
해묵은 석류나무 나이도 잊었는지
일찌감치 꽃을 피워 벌 나비 부르더니
못생긴 열매 서너 가지 끝에 달아 놓고
스스로 가슴을 열어 빨간 속을 내 보인다
바람은 대숲에서 이별의 피리를 불고
돌담 밑 풀벌레소리 가슴 파고드는데
언제쯤 솟았을까 휘영청 밝은 달은

제월당
용마루에 앉아
그리움 엮고 있다.

어젯밤 검은 구름 달그림자 가리더니

이 아침 깨어보니 은백색 환한 세상
아늑한 소쇄원은 둥지처럼 고적孤寂한데
대봉대는 꼿발을 들고 동구 밖을 기웃대며
혹시 누가 오시는가 귀를 쫑긋 세운다
솔가지에 쌓인 눈이 바람에 흩날리자
눈 속에 갇힌 치자 붉은빛이 영롱하다
꽁꽁 언 조대물통 갈 길 몰라 서성이고
상하지上下池 마른 갈대 살얼음만 앉히는데
눈 쌓여 휘인 대숲 소리치며 일어나니
깜짝 놀란 산새 서넛 적막 털고 달아난다
삭풍은 날을 세워 고드름 엮는 사이
밤새도록 눈이 쌓여 솜이불을 펼친 산천

소쇄원
숨을 죽인 채
겨울잠에 들었다.

*소쇄원 : 담양군 가사문학면 지곡리 소재 명승 제 40호로 지정된 우리나라 대표적인 민간원림으로 자연과 인공의 조화가 절묘한 문화유산이다.

# 5

# 황혼녘의 시

어둠은
혼 불을 태워
반짝이는 별이 되네

# 황혼녘의 시

우리들 눈빛 속에는
긴 이별이 숨어 있네.

붉게 타는 저녁놀이
잿빛으로 스러질 때

어둠은
혼 불을 태워
반짝이는 별이 되네.

# 그렇게들 살다가

산은 골을 만들고
강물은 들을 감싸고

그렇게들 살다가
그렇게들 돌아갔다.

한 뼘 밭
일 구 다 말 고
그 품으로
돌
아
들
갔
다
.

## 시절도 한 때

만개한 벚꽃 터널
봄 하늘 밝히더니
소리 없이 오는 비에
애절히도 떨어진다.
어쩌랴
시절도 한 때
가면 아니 오는 것을,

# 낙엽

꽃 피고 새가 우는
그런 시절 있었던가.

마음은 늘 봄 꿈에 젖어
세월 잊고 살았는데

어느새 희끗한 머리칼에
저승꽃만 무성하다.

# 가을 나비

기진한 나비 한 마리
시든 꽃 속에 잠이 드네.

온 길 천 리 갈 길 만 린데
더 날아갈 힘도 없네.

오늘 밤
이승을 떠나면
다시 태어날까
두렵네.

## 고래희古來稀

칠십 성상 위에 받자온 별 하나를
밤새도록 닦고 닦아 하늘 복판에 앉힌다.
끊길 듯 이어지는 불빛
가물가물 타는 목숨.

가진 것 다 넝마인데 욕망은 하늘에 닿네.
버릴 것 다 버리고 깃털같이 가벼워야
한 목숨 순한 둘레에 하늘 길이 열리는가.

# 꽃의 변주

화단에 핀 꽃이 저리 웃고 있음은
꽃 지는 날부터 새 봄을 품었느니
남 몰래 피었다 져도 눈물은 사치다.

꽃병에 꽂힌 꽃이 한껏 웃고 있음은
돌아갈 길 없음을 이미 알기 때문이라
언젠가 버려질 운명 웃고라도 살자고,

# 출가出家

가다가 돌아보니
아직도 흔드는 손
안정재* 넘어서니
그저 텅 빈 허공 뿐,
이대로 소식 없으면
살아도 머 언 이별.

*시인의 고향인 곡성군 석곡면 염곡리의 재 이름.

# 이별 이후

이별이란 말로
네 품 가득 채울 때
나는 벌거벗은 바다
부서지는 파도였네
가슴 속 텅 빈 자리에
홀로 우는 먹갈매기.

떠난 후 남는 것은
썰물 진 모래 발자국
자꾸만 가슴 치는 파도에
어쩜 난 갯바위 되어
생각의 뼈대만 남기고
그리움만 깎았네.

# 환승역에서

시간에 떠밀리며
희로애락 풀다 지쳐

이맛살 깊은 골에
검버섯 움이 돋고

백발에
향기도 없는
저승꽃만 피었다.

도착한 환승역엔
입추의 여지가 없다.

전광판 쳐다보며
소천召天시간 확인한 후

늘어 선
사람들 뒤에 서서
탑승 차례 기다린다.

# 어둠뿐인데

이별의 눈물 쏟아 이 밤이 다 잠겼구나.
내 마음 강나루에  띄워 놓은 조각배는
어디로 흐르는 걸까
은하 건너 그 어디메,

# 어이 묻고 갈 건가

- 고 김윤주 교수 영전에

빈소의 매운 향이 머리 풀고 울고 있네.
갑작스런 꽃샘추위 한 목숨 꺾어 놓고
아무 일 없었다는 듯 꽃망울은 벙그네.

춘삼월 대호리는 배꽃잔치 한창인데
저 꽃잎 다 지고나면 내 마음은 적막강산
이 봄날 그대 그리움을 어이 묻고 갈건가.

# 밤 새

이승의 기슭을 돌아 멀어지는 한 마리 새
그리움의 파도소리 귓가에 새겨두고
먼 등대 별빛을 쪼며 어이 홀로 떠나신가.

어제의 부음訃音은
어둠 속 가뭇한 불빛
살아도 소식 없으면 그게 죽음 아닌가만
다시는 볼 수 없는 그대 먼 안부여.

# 분향을 하며

- 고 서대열 영전에

가진 것 없다 해도 자부子婦 맞을 복에 들떠
안심하고 취한 밤길 다시 못 올 길이었나.
가로등 불빛마저도 충혈되어 우는 밤.

퇴근 후 한 잔 하고 못 가눌 몸 아닐진데
진동 속 부고訃告문자 눈 비비고 다시 보니
저승길 날 선 화살이 눈에 박혀 떠는구나.

스무 해 우리 만남은 이제 보니 어제 같고
지난 삶 예순 해도 재로 남는 공허한 밤
분향실 매운 연기만 이 저승을 넘나드네.

# 어시장 김 노인

잘해봤자 댓 평 남짓 대를 이어 물려받은
어시장 한 모퉁이 질펀한 남해바다
주름진 세월의 이랑마다 바다 내음 절어있다.

새벽잠 털고 나와 가로등이 깰 때까지
도마 위에 올려놓고 난도질한 바다의 혼
목숨 줄 법당에 걸고 매일 탑을 쌓았다.

눈 흘기는 초승달을 당산나무에 걸어 놓고
파도살에 안주 삼아 얼큰히 취한 귀가 길에
한 많은 팔십 성상이 유성되어 사라졌다.

# 어떤 등산

돌아볼 겨를도 없이 참 멀리 왔나보다.
아찔한 벼랑 앞에 숨 고르며 쳐다보니
북망산 구름 사이로 손짓하는 아버지.

저마다 제 업보를 이고 선 봉우리들
무건 짐 벗어 놓고 오던 길 잠시 보니
산 아래 내 아이들이 숨 가쁘게 따라 온다.

저 고개 넘어가면 닿는 곳은 그 어딘가.
초침은 등을 밀며 자꾸 빨리 가라는데
왜 이리 힘이 드는가. 천길 만근 발길이여.

# 겨울나무 2

언제가 돌아갈 바람집 한 채 짓습니다.
푸르던 지난 날 단풍되어 떨어지고
앙상한 뼈대만 남아 울음소리 듣습니다.

못 잊을 그리움이 하늘을 덮습니다.
칼바람 가지 끝에 풍진 세상 얽어매어
내 영혼 그리움 한 채 하늘가에 매답니다.

내 모든 것 버리고 가야 할 날 있겠지만
또 새로운 한 계절 잊지 않고 주심이
이토록 눈물겨움을 이제야 알겠습니다.

# 종이학을 접으며

목숨을 거두는 일 살기보다 쉽다던가.
희수喜壽를 바라보며 찾아온 파킨슨을
더 이상 버릴 수 없어 꼭 껴안고 떠났다.

꺾을 수 없는 자존심을 깎아내고 또 벼리어
뼈만 남은 심지로 화살 한 촉 다듬더니
이승의 하늘을 울린 울울한 시위소리.

떠난 후 이 세상은 변함없이 그대론데
구름처럼 피어나는 그리움의 하늘 있어
조각 진 마음을 접어 학 한 마리 날려 본다.

|해설|

# 구름처럼 피어난 풍경의 시간들

—김진혁 시조집 『나무 날다』

김 종
(시인, 화가)

"나이로 살기보다는 생각으로 살아라."는 말이 있다. 생각으로 사는 세월은 달리 말하면 시인에겐 문학하는 세월이라 할 수 있다. 사람은 생각하는 대로 살아가는 존재이다. 그러니 생각의 게으름이야말로 무의미한 삶에 직통한다고 할 수 있다. 상놈은 나이가 벼슬이란 말도 이에서 나온 말이다. 나이를 잊고 생각으로 세상을 들여다보고 실천적으로 추진하는 사람이 김진혁 시인이다.

## 시조, 동반자이면서 '영혼을 씻어줄 종교'로

김진혁 시인의 사유의 높이에는 산의 골짜기를 이루고도 남을 생각의 여러 빛깔이 청솔가지처럼 청청함으로 드러난다. 무엇인가를 향하여 끝없이 설레고 어딘가로 길을 나서는 일들은 모두가 다다를 길 없는 그리움에의 여행에 연유한다. 김진혁 시인의 생각이 푸르른 것은 이 같은 그리움에의 여행이 아직 끝나지 않았기 때문이다.

촌각을 다투어 감동의 언어를 절차탁마하는 여러 시인들의 창작현상은 시간의 침식작용에 비유할 만큼 열혈적으로 펼쳐지고 있다고 생각한다. 그 중 한 사람이 우리가 읽어갈 김진혁 시인이 그 같은 시인이라고 생각한다. 필자는 근자에 김시인이 가사시에서 거둔 괄목상대의 성과들을 독서하고 도대체가 이들을 어디에 숨겼다가 저리 쏟아내듯 창작하는가를 지켜보고 있는 중이다. 필자는 그런 의미에서 김진혁 시인의 가사시의 미래에 대해 매우 주목하고 있다.

김진혁 시인의 약력에서 우리는 몇 가지 항목을 만날 수 있다. 우선은 '곡성'이라는 시골에서 태어난 점, 산업통상자원부 광산보안관으로 정년퇴직한 점, 공무원문예대전에서는 대상을 수상하고 시조단에선 무등시조문학상을, 가사시 분야에서는 한국가사문학대상을 수상한 점, 『술잔 속에 넘치는 바다』를 비롯하여 5권의 시집을 상재한 중견시조시인인 점, 여기에다 '세종한글서예대전 초대작가'에다 '광주광역시미술대전 초대작가' 등 한글서예 분야에서도 대단한 성과와 함께 서예작가로 활동한 점 등 여러 이력사항을 읽을 수 있다. 직업전선은 문과계통이 아닌 이과계통이었다. 그럼에도 불구하고 문학과 서예 등 몇 가지 예술의 경계까지를 넘나든 점은 그의 관심의 방향과 재능이 새삼 감잡히는 대목이라

하겠다.

우선 김진혁 시인의 고향은 지리산 섬진강권의 시골이었다. 그럼에도 불구하고 도시로 유학하여 공과대학을 졸업하고 '산업통상자원부'에서 근무하면서도《시조문학》의 문을 두드렸다. 그리고 공무원문예대전에서 대상과 무등시조문학상 등을 수상한 다음 요즘 확장일로에 있는 가사시 공모에서 일약 '대상'의 영예를 거머쥔 점, 그리고 한글서예 분야에서 초대작가 위촉 등의 활동을 감안하면 그의 지금까지의 세월은 불철주야 절차탁마의 세월이었음을 엿볼 수 있다.

시조시단에서의 그는 독립시집만도 5권이나 상재한 일이나 제5시조집『초록별 사랑』이후 10년을 경과한 점을 감안하면 그의 문학적 연조에는 노심초사의 연속이었음을 짐작케 한다. 확실히 김진혁 시인은 인생후반기를 문학창작에서 승부하기 위해 건곤일척으로 가사시에 올인하여 성과를 보이기에 이르렀다. 시인의 말을 빌지 않더라도 그의 지금까지의 세월에는 낱낱의 씨앗이 예쁜 꽃으로 개화할 날만을 위해 그림자요 동반자이면서 '영혼을 씻어줄 종교'로서의 시조창작에 진력하였다. 그리고 지금은 겸하여 자신의 체질에 부합한 가사시 창작에 올인하는 양상으로 뻗어가고 있다.

김시인에게 그리도 열망한 '그 무엇'이 있었기에 밥먹고 잠자는 일을 제외하고는 이처럼 문학창작만에 덤비게 되었을까. 그가 제5시집 이후 제6시집『나무 날다』

를 상재하기까지에 도달한 시간은 오로지 시조만을 독서하고 창작하다가 가사시를 만나게 되고 의외로 거둔 큰 소출이 가사시였다. 김진혁 시인에게서 시조와 가사시 두 장르에서 굳이 경중을 헤아린다면 40년 넘게 몸바친 시조보다는 6,7년 전부터 연을 맺은 가사시에 골몰하면서 날밤을 새우는 형국인 듯하다.

한마디로 그의 근자의 활동양상은 가사시의 매력에 빠져든 노심초사의 세월이면서 퍼내도 퍼내도 줄지 않는 거대 샘 자리 하나를 얻어 낸 것으로 볼 수 있다. 이 자리는 시조작품을 독서하는 자리이지만 김진혁 시인의 그간의 가사시 창작은 자못 커서 언급을 비켜가기가 어려웠다고나 할까. 그는 분명 가사시의 분야에서 세상을 움직일만한 작품들을 순풍순풍 쏟아내는 중이다. 그만큼 그의 가사시의 창작적 늘품은 크고 넓어서 벌써부터 태어나지 않는 작품까지를 기대하게 한다.

이제 김진혁 시인의 시조작품에 진입하기로 하자. 그의 이번 시조시집 『나무 날다』는 단시조 연시조를 합하여 80여 편의 작품들이 저마다의 표정과 기질로 독자를 향하고 있다. 그의 작품적 특질은 항용 우리네 전통시가 보여준 그리움을 매개한 결 고운 서정성의 풍경시편이 많았다. 이들로 하여 그의 작품들이 여러 굽이의 변화와 파고를 형성한 것도 눈에 띄는 특징이라 하겠다.

김진혁 시인이 천착한 그리움의 갈래는 '꿈'에 기반한 것이 많다. 우선 그가 요량한 '꿈'의 갈래는 갖가지 의미의 '씨앗'에 연유하고 이에서 낱낱의 세계가 예쁜 꽃들로 피어나고 있다. 그러면서 그가 드러낸 '시조관'은 "내 그림자요, 동반자이면서/때로는 영혼을 씻어주는 종교"로서의 도반이라는 것이다. 김진혁 시인이 시조시에서 목표한 것은 "서정과 사랑, 반목과 질시, 그리고 죽음까지도 당신의 고운 빛으로 승화되어 그 속에서 움트는 진솔한 생명력과 싱싱한 에너지로 새 세상을 만들기도 하고 갈 길을 재촉"하기 위한 운명공동체 같은 작업으로 이어지고 있다.

필자는 김진혁 시인이 드러낸 그림자이면서 동반자이고 "때로는 영혼을 씻어주는 종교"로서의 시조시가 그의 문학적 인식을 재는 중요한 단초가 되었다고 생각한다. 시조가 그림자이고 동반자라는 의미는 양자의 일심동체, 즉 시인과 한 몸으로서의 시조에 다름 아니라는 의미이다. 그리고 그의 이 같은 정신성은 생업과도 거리가 먼 시조시를 자신의 운명처럼 애착하여 오늘처럼 생신한 성과에 나아갈 수 있었다고 생각한다.

담장 너머 탐스러운 우윳빛 꽃봉오리
보고도 못 본 체 하며 그냥 갈까 돌아갈까
가슴만
콩콩 뛰었던
첫사랑 순이 생각.

-「백목련」

시조시 독서에서 '가장 시조답다'는 말은 '단시조'에서 비롯되는 경우가 많다. 멀리 갈 것도 없이 근대시조의 1세대인 이영도 시인의 단시조는 우리 문학사에서 행운이었다고 해도 부족함이 없는 '황진이'을 떠올리게 한다. 이들의 작품은 거개가 '단시조'에 그 답이 있었음을 상기할 필요가 있다.

위의 작품 「백목련」에서도 그 같은 생각은 여전하다. 단시조는 언어를 담을 공간이 비좁은 데도 절창이 그쪽에 있다는 것은 시적 감동은 길이의 문제가 아니라는 것을 가르치는 부분이다. 작품의 행간에서 보듯 '담장 너머 탐스러운' '우윳빛 꽃봉오리' 앞에서 가슴만 콩콩 뛰었던 '첫사랑 순이'가 생각났다는 화자는 아직도 사춘기적 분홍빛 서정성이 꽃구름처럼 일렁이는 사람이다.

### 바람 부는 날이면 풍선처럼 떠오른 나무

백목련의 개화는 그 자체로 절로 순결성의 표상으로 읽힌다. 이 꽃을 보고 새악시의 수줍은 웃음을 떠올리기도 하고 환자의 상처를 싸매는 붕대를 연상하기도 하지만 김진혁 시인은 첫사랑 순이를 소환한다. 대개의 경우 가장 강렬한 기억은 '첫사랑'이라고 한다. 이 말은 다르게는 체험으로 얻은 기억의 강도는 최초적이어야 한다는 의미에 다름 아니다. 이는 문학의 최초성과도 맞물린 문제로서 시인의 눈길이 사물에 닿아 언어로 바뀌는 일은 이전의 존재와는 전혀 다르다는 의미이기도 하다. 첫사랑 순이를 떠올리는 김진혁 시인에게서 우리는 그 같은 첫사랑의 심정적 세계를 간접체험하고 있는 것이다.

겨우 한 달 살려고
면벽공심面壁功深 수년이었네.

목청껏 불러 봐도
그대 소식 감감할 뿐,

사랑은 언제 오려나
그리움은 폭포 됐네.

-「매미울음」

'그리움'이 폭포처럼 여러 골을 이루어 쏟아지는 현장은 나무 뒤에 숨어서 우는 매미소리에서도 찾을 수 있다. 그런데 그 울음소리의 사연을 짚어 가면 이내 애닳다는 표현에 도달하고 만다. 작품에서 말하는 '면벽공심 수년'은 매미가 성충이 되기까지 땅속에서 보낸 15년의 세월을 그리 이르는 말일 것이다. 기껏해야 2주에서 4주를 운명 같은 울혈을 쏟아내고도 응답 없는 그대 소식은 단절할 수 없는 '그리움'과 동일할 터이다. 그래서 인간 존재의 근저에는 샘물처럼 고여든 여러 형태의 그리움이 칠색무지개처럼 간절하면서도 격한 형태로 존재하고 이의 또 다른 형용이 매미의 울음소리로 빚어진 것은 당연하다.

그리움이 폭포 되는 광경은 장엄하기 그지없다. 그래서 매미 울음소리를 듣는 화자 또한 고여든 그리움의 울혈을 그리 풀어내는 것인지 모른다. 그렇지 않다면야 감감무소식이던 '그대 소식'이 어떻게 저리 치열한 음성으로 쏟아질 수 있을까. 시인이든 매미든 울혈을 쏟아내기까지에는 십 수 년의 '면벽공심'이 존재했던 터이고 그런 다음 펼쳐낸 그리움의 만장이 '겨우 한 달'에 그치고 있는 것이다. 그리고 한 달을 목청껏 소환한 일은 언제 올지 그저 막막하기만 한 '사랑'의 일이 되기가 십상이고 그에 다다르기 위해 폭포처럼 쏟아낸 그리움이 매미울음소리에서 연상된 것은 가히 시인의 상상력답다 하겠고 그래서 「매미울음」이 더더욱 애틋하고 아름답게 느껴지는 것일 게다.

구시포 앞 바다에
지는 해 잡으려고

수천 마리 가창오리 떼
그물을 치더니만

어디로 사라졌을까
텅 빈 하늘
노을만 붉네.

-「풍경風景 5」

제목에서부터 우리는 김진혁 시인이 노래한 풍경 한 점을 그림처럼 마주하고 있다. 구시포 앞 바다의 석양은 가득 노을이 타는 장관이었다. 시인이 아니더라도 이처럼 장엄한 해변의 석양은 구구한 설명이 필요 없겠다. 그 시간에 하늘 한쪽을 마치나 너른 바다에 그물을 치듯 수십만 수백만 마리의 '가창오리 떼'가 한순간의 광경으로 떠오르는 모습은 상상만으로도 엄청났겠다.

시인은 눈앞의 가창오리 떼를 구시포 앞 바다 석양을 건지려고 던진 그물이라고 생각한다. 그리 생각하는 순간 오리 떼는 시인의 시야에서 신기루처럼 사라지고 없다. 허망하기도 하여 어안이 벙벙한 상태로 주변을 둘러보는 시인의 눈앞엔 텅 빈 하늘이 존재하고 하루를 마무리하는 아쉬움을 불사르려는 듯 '노을만 붉'게 타오르고 있었다. 풍경시가 여기에서 무엇을 더 보여줄 것으로는 생각지 않는다. 허지만 가창오리 떼가 사라진 텅 빈 하늘의 여운에 붉은 노을이 번지는 것은 마치 극지방의 오로라를 바라보는 일처럼 신비롭기만 하다.

나무의 꿈
날고 싶다.
그래서 잎을 피운다.
수많은 가지로
날갯짓 하다보면

기어이
하늘을 날 것이다.
바람 몹시 부는 날.

-「나무 날다」

나무가 날개 치며 나는 것은 현실에서는 존재할 수 없는 초현실적 현상이다. 어찌 나무가 날거나 걸을 것인가. 그런데 김진혁 시인은 날고 싶은 나무를 작품의 머리에 끌어내어 노래하고 있다. 작품에서 날고 싶은 나무는 기실 김진혁 시인의 정직한 자기 자화상에 진배없겠다. 그 날고 싶은 꿈을 떠올리며 "수 많은 가지로" 작은 날개를 치는 일이 「나무 날다」를 지탱하는 힘이기 때문이다.

나무가 골격처럼 여러 개의 가지들로 날갯짓하는 곳에는 날개의 깃털 같은 여러 이파리들이 팔랑이고 있었다. 그리고 이들 이파리들은 어느 의미에서는 그 하나하나의 표정이 귀엽기까지 하다. 그러면서 시인의 상상은 나무의 이파리 같은 무수히 많은 비상을 시도한다. 그것도 바람이 몹시 부는 날에 풍선처럼 떠오를 나무를 생각하면. 지상에 발붙이고 살아가는 시인과 나무의 고착성은 한 굽이의 변화를 얻어 승천하는 광경처럼 연출하고 있다.

필자도 그림 작업을 계속하면서 김진혁 시인과 마찬가지의 상상을 하곤 했었다. 그림은 원래의 사물을 특이

하고 새로운 형상으로 작업하는 것. 그런데 이를 어떻게 해야 그림을 새롭게 떠받칠 슬로건이 될 수 있을까를 궁리하다가 이처럼 다듬었었다. "서있는 나무보다는 걸어 다니는 나무가 걸어 다니는 나무보다는 날아다니는 나무가 더 예술적이라 생각한다." 나무가 당초 날면 좋았겠고 최소한 걷기라도 해야 예술이라 할 수 있겠다는 생각이고 붙박이로 서있는 나무는 예술이 아니라는 생각이었다. 그런데 김진혁 시인의 작품 「나무 날다」를 읽으면서 필자가 꿈꾸던 나무에서 우리가 그리던 예술적인 모습을 그리 오버랩시켜 상상한 것이다.

**"얘, 너무 짜다. 물 먹어라."던 자린고비**

현실에서 나무는 움직일 수 없는 사물이다. 그런 나무가 어떻게 날개 쳐 날 수가 있겠는가. 그러나 현실에서는 한자리에 붙박인 것이 나무라 해도 예술에서는 얼마든지 날 수가 있다는 것이 필자의 생각이다. 바람이 몹시 부는 날 이파리를 날개 만들어 하늘을 향해 활개치는 나무는 그 자체로 시인의 종횡무진한 상상력을 보여주기에 부족함이 없다. 그게 바로 나무가 현실을 벗어나 실제로 나는 모습이기 때문이다. 그리고 이 같은 일이 그리움이라는 기구를 타고 허공중에 가득 날개치는 일에서 우리는 시인의 상상력의 폐활량을 양껏 가늠하게 되는 것이다.

짜릿한 파도자락 비늘 속에 감추고
불어오는 갯바람에 젖은 몸을 말리다
눈 뜬 채 바라만 보는 먼 수평 남해바다.

몸뚱이는 얼레에 묶여 덕장에 매달고서
비릿한 바다 내음 해풍에 날리며
밤이면 달을 보듬고 깊은 잠을 청해도 보고,

황금색 그 빛깔로 우러나는 고소한 맛
천장을 쳐다보며 흘린 침에 밤을 먹던
그 옛날 자린고비도 전대 풀어 모셔온 몸.

-「굴비」

사전에서 보면 '굴비'는 조기를 소금에 절여 말린 것으로 설명하고 있다, 그리고는 참조기로 만든 영광굴비가 그중 유명하다고 했다. 한국의 연안에서 잡히는 조기류는 13종이며 알려진 것은 참조기와 수조기로 소개하고 있다. 머리에 누런 돌이 박혔다 하여 황석어黃石魚로도 불리는 참조기는 몸빛이 회색을 띤 황금색이며 입이 불그스레하고 몸통 옆줄이 다른 조기에 비해 굵고 선명하다는 것. 고려 17대 인종 때, 난을 일으킨 이자겸이 정주(지금의 법성포)로 귀양을 갔다가 해풍에 말린 조기를 먹고는 그 맛이 뛰어나 임금에게 진상한 데서 유래한 이름이라고 한다. 그는 말린 조기를 임금에게 보내면서 자신의 뜻을 굽히지[屈] 않겠다[非]는 의미로 '굴비'라는 이름을 붙이게 되었다고 하고 이때부터 영광굴비는 수라상에 오르기 시작한 것이다.

작품 「굴비」는 지역 특산품인 조기를 소재로 쓴 3수의 연작시조이다. 날씨가 청명한 날 망망대해를 바라보면 햇빛을 받아 반짝이는 바다의 잔물결이 굴비의 비늘을 연상시킨다. 그 자리에서 건조대에 매달려 갯바람에 몸을 말리는 조기들의 열린 눈망울을 두고 시인은 "눈 뜬 채 바라만 보는 먼 수평 남해바다"라고 했을 것이다.

얼레에 묶어 덕장에 매단 굴비는 달뜨는 밤이면 불어오는 해풍에 비릿한 바다 내음을 날리며 세월아 네월아 깊은 잠에서 숙성의 시간을 가졌을 것이다. 앞에서도 언급했지만 참조기는 몸이 회색을 띤 황금빛 어종이다. 그런데 이 같은 빛깔이 전통적인 굴비의 고소한 맛으로 바뀐 것은 아닐까. 그래서 아끼는 굴비를 끼니때마다 먹어치우다가는 살림이 거덜 날 것이므로 자린고비의 집에서는 비싼 값에 구입한 굴비를 말목에 걸어놓고 그걸 바라보기만 하면서 밥을 먹었다는 고사는 우리 주변에서 듣던 흔하디흔한 얘기였다. 고온다습한 시기에 대량 어획하여 굴비와 같은 염건품의 가공법을 개발한 것은 우리 민족의 우수성에 기인한 자랑할 만한 저장법이라 하겠다.

굴비의 덕장은 소나무 장대 수십 개로 밑이 넓고 위가 좁은 원형건조장을 설치하여 춘삼월 훈풍을 쏘이는데 그곳에서 건조장 천장을 올려다보면 훤히 하늘이 보이며 사방이 짚발로 둘러싸여 아늑하기까지 하다. 곡우 때 잡힌 산란 직전의 조기는 '곡우살 조기'라 하여 일품으로 쳤고 이것으로 만든 굴비를 '곡우살 굴비' 또는 '오가잽이 굴비'라 하여 특품으로 취급하고 있다.

『음성군지』에는 자린고비 조륵(1649-1714)의 조기 이야기가 실려 있다. 그는 조선조 자린고비 중 단연 최고였다고 한다. 조륵은 일 년에 딱 한 번 제사상에 올릴 조기를 딱 한 마리만 샀었다. 제사를 지낸 다음 조륵은 굴비는 천장에 매달아놓고 밥 한 숟갈 뜨고 굴비 한 번 쳐다보고 또 한 숟갈 뜨고 굴비를 보고 하면서 식사를 하였다고 한다. 어쩌다 식구들이 두 번 이상 쳐다보면 "얘, 너무 짜다. 물 먹어라."고 소리칠 정도였다. 작품 마지막 수의 "천장을 쳐다보며 흘린 침에 밥을 먹던/그 옛날 자린고비도 전대 풀어 모셔온 몸"은 이 같은 고사가 밑 받쳐진 표현으로 이해할 수 있겠다. 조기 말리는 과정에도 시인의 상상력이 곁들여지면 이리 고소한 시조시가 되는 것을 읽을 수 있겠다.

아직도 저 파도는
그리움을 몰고 와
멍이 든 갯바위를
때리고 또 부순다.
생가슴 다 허물어져
모래가 될 때까지,

얼마를 더 지나야
그리움은 결이 삭아
달빛 아래 숨 고르며
모두 잊고 잠이 드나.
아직도 미련이 남아
철썩이는 파도여,

-「파도」

그리움을 몰고 와서 이미 속살까지 멍 든 갯바위를 때리고 또 때리고 부수고 또 부수어 생가슴을 허물어서 "모래가 될 때까지" 계속되는 파도의 연이은 연동현상을 그리움의 반복행위로 관찰한 작품이 위의 「파도」라 할 수 있다. 대저 그리움이 얼마나 지독한 것인가를 실감나게 보여준 작품이 「파도」임을 수긍하면서 김진혁 시인이 빚은 그리움의 언어가 굴비처럼 절여지는 느낌을 받는다. 지상에 남은 미련이 어찌 그리 많아 "얼마를 더 지나야/그리움은 결이 삭아", "달빛 아래 숨 고르며/모두 잊고 잠이 드"는 시간이 되는 것일까? 잠도 자지 않고 철썩이는 파도는 생각만으로도 그리움이라는 설렘의 표상으로 충분하다고 여겨진다.

**"사라지는 목숨 끝에 열리는 또 한 세상"은**

사람의 시간에 설렘이 존재하는 것은 그 자체로 간절

하게 살아있음에 다름 아니다. 어찌 설레지 않고 그리워할 수 있으며 그리워하지 않고 설렐 수 있겠는가. 사람의 세월이나 사물의 세월이나 그 본질과 질량의 크기는 동일할 터이다. 그리고 이들의 일부인 사람에게 바람도 나무도 그 일부에 포함되는 것은 물론이다. 개구리 알보다 많은 세상사는 그 사안에 따른 변수 또한 그만큼 불어나기 마련이며 그러기에 하루살이의 시간만큼 각각의 위치에서 짧디짧게 사라지는 시간이 귀하게 생각되는 거야 불문가지가 아니겠는가. 특히 시인에게는. 한갓 자연현상인 파도의 철썩임 마저 김시인에게는 그리움의 끊임없는 독백으로 다가왔던 것이다.

> 쪼개 보면 그 속에 미륵보살님,
> 두 손 모아 기도하고 있어.
>
> 대를 이어 물려받은 유전자를 움켜쥔 채
> 좋은 곳에 뿌리 내려
> 파릇한 싹 틔우고
> 오색 꿈 곱게 피워 달라고
> 늘 기도하고 있어.
>
> 제 살 허물다 보면
> 끝내 목숨 사라지지만
>
> 사라지는 목숨 끝에 열리는 또 한 세상

오늘은 꽃으로 피고 내일은 씨앗 맺으니 세월은 감쪽같네.

한 평생
속절없어도
늘
영원을 꿈꾸네.

-「꿈꾸는 씨앗」

씨앗을 쪼개 놓고 그 안을 들여다보면 미륵보살처럼 나란한 두 개의 형상이 앉아있다. 씨앗에게도 우리 인간처럼 그들만이 모시는 종교가 있나보다. 그리고 그 씨앗에게도 타고난 운명 또한 존재하는 모양이다. 똑같은 씨앗의 입장에서 우선 떨어져 묻히는 자리가 자갈밭이냐, 시궁창이냐, 비옥한 땅이냐, 모래땅이냐에 따라 그 발아와 성장의 여건이 천양지차라는 것이다. 그런 측면에서 보면 "대를 이어 물려받은 유전자"도 유전자지만 좋은 땅에 뿌리 내려 파릇한 싹을 틔우고 오색 꿈을 곱게 피워 달라고 기도하는 씨앗을 생각하면 씨앗 또한 우리 인간과 하등 다를 것이 없겠다는 생각이다.

하기야 문학이란 게 사람이 작업하고 사람을 담아내는 까닭에 배경이 좋은 집이나 두뇌가 우수한 가계에서 태어난 사람과 물이 풍부한 옥토에서 좋은 조건의 싹을 틔우는 씨앗과는 무엇이 다르겠는가. 회화적으로는 사람과 씨앗의 이 같은 대비를 데칼코마니라 불러도 무방하겠다 싶고 씨앗이나 사람이 보인 생명 세상의 원리는 동일하다는 것을 가르친 잠언 같은 작품이 「꿈꾸는 씨앗」이다. 이 작품에 우리는 씨앗도 사람처럼 제 운명대로 껍질을 뚫고 새싹이라는 생명을 내보내는 것을 읽을 수 있었다.

이어지는 구절인 "사라지는 목숨 끝에 열리는 또 한 세상"은 이미 예수께서 가르치신 바 "밀알 하나가 땅에 떨어져 죽지 아니하면 한 알 그대로 있고 죽으면 많은 열매를 맺는다." 하였고 종교적으로도 거대한 가르침으로 정착된 상태다. 이는 다르게는 자기 목숨을 사랑하는 사람은 잃을 것이요, 이 세상에서 자기 목숨을 흔연히 바치는 사람은 영원한 생명에 이르기까지 그 목숨을 보존할 것이라는 것이다. 진리는 이처럼 심오하지만 현실에서 보면 무섭기까지 하다는 것을 생각하게 된다. 종장인 "한 평생/속절없어도/늘/영원을 꿈꾸네."에서는 종말을 예감하면서도 사과나무를 심겠다는 스피노자처럼 한 끗 소망을 놓지 않는 시인의 인어직 결기가 새삼 읽히는 대목이다. 무릇 시인은 그 존재로써 희망을 이어가는 존재인 때문이다.

순욱골*에 둥지 튼 달이
너무나 애련도 하여

눈썹 끝에 매달고 와
머리맡에 뉘어놓고

가만히 안아 주었다.
소리 없이 울던 너.

-「달」

"소리 없이 울던 너"로 의인화한 작품 「달」은 "가만히 안아 주었다"는 구절에 와서 달과 화자가 일체화한 광경을 보여준다. 그러면 화자가 어떤 연유로 '달'을 가만히 안아주었던 것일까. 이의 직접적인 이유가 "너무나 애련도 하여"라는 단서를 달고 있다. 달에다 사람의 감정을 담아내는 것은 동양적 정서에 비추어 특별한 일이 아니다. 그런데 김진혁 시인이 잠깐 머문 임지任地에서 이 같이 달을 안아주기에 이른 것은 그만큼 자신의 외로움이 컸던 것은 아니었을까. 그렇지 않고서야 수없이 만난 달을 두고 순욱골에서의 달만 그리 애련하게 느꼈다는 것에 대한 특별함이 독자의 입장에서 어찌 궁금하지 않겠는가.

밤길에서 만난 달은 언제나 머리 위에 떠서 동행하는 도반의 표상으로 드러난다. 멀리서 가까이서 달이 함께할 때 밤이 이슥할 때까지 걸어도 외롭지 않았던 기억은 누구에게나 있을 것이다. 그리움의 정서에 비추어보면 태양보다는 달이 훨씬 더 간절하다. 그리고 태양이

역사를 물들이는 쪽이라면 달은 문학과 관련된 신화적 사물이라는 것은 두루 동의할 터이다. 작품에 등장하는 '순욱골'은 김진혁 시인이 공직을 정년하고 연천군 청산면에 소재한 규석 광산에서 잠깐 근무한 적이 있었을 때의 지명이고 그곳에서 만난 달에의 정감이 그처럼 특별했던 것이다. 김시인은 그곳에서 '둥지 튼 달이' 너무나 애련하다고 하였다. 눈썹 끝에 매달고 온 달을 '머리맡에 뉘어놓고' 소리 없이 울던 시인의 모습은 마치나 연인처럼 "가만히 안아주었다"는 말과 절묘한 일치에 이룬다.

> 언 하늘 눈 비비며 잠긴 산사 문을 연다.
> 진달래 목련꽃도 망울을 터뜨리는
> 화사한 연둣빛 세상 골마다 화엄이다.
>
> 한바탕 소나기로 먹빛 하늘 맑게 씻고
> 덧칠한 진 초록빛 무르녹은 녹음 속에
> 시퍼런 날을 세우며 더위 쫓는 쓰르라미.
>
> 길 잃은 갈대바람 뒤 안에 숨어들어
> 빛바랜 시간들을 갈잎에 부리는데
> 섬돌 밑 귀뚜리 소리 가을밤이 참, 깊다
>
> 눈 쌓인 암자는 둥지처럼 고적한데
> 계곡물 소리 낮춰 얼음 꽃을 피우고

청대 숲 산새 몇 마리 적막을 털며 난다.

–「약사암 사계四季」

시조의 본래 모습은 새삼스럽지만 3장6구12음보 45자 내외가 기본이다. 그리고 여기에 민족적 정서를 담아서 천년 세월에 걸쳐 창작된 전통시가이다. 그러던 시조가 후대로 오면서 연시조 내지는 사설시조 등으로 장형화의 길을 걸으면서 형식적 변화를 겪게 된다. 고시조에서 연시조로 모델 삼을 수 있는 작품은 고산 윤선도 선생의 「오우가」나 「어부사시사」 등인데 위의 「약사암 사계」는 발상이나 전개, 형식 등에서 고산의 「오우가」를 연상시키기에 적합한 작품이다. 고산의 「오우가」는 각기 다른 한 수씩의 시조에다 다섯 벗을 노래한 작품으로 「약사암 사계」 또한 약사암의 사계절을 이 같은 흐름으로 노래하고 있다.

## 청대 숲을 나는 산새 몇 마리의 날갯짓

들머리를 장식한 첫째 수에서 동장군의 시달림에서 산천은 바야흐로 진달래 목련꽃 망울을 터트리는 중이고 먼 하늘 눈 비비며 산사에 들어서는 화자 또한 새롭게 봄을 열치는 산천초목을 닮았다는 생각이다. 골짜기 골짜기가 '연둣빛 세상'을 펼치는 무등산은 그 자체로 화려한 '화엄'으로 어우러지고 있다.

시간은 다시금 "초록빛 무르익은 녹음 속에" 젖어들

고 날카로운 날을 세워 세상이 떠나가게 울어쌓는 '더위 쫓는 쓰르라미'에 먹빛 하늘 맑게 씻는 한바탕의 소나기야말로 여름이 아니면 만날 수 없는 진풍경 내지는 청량제가 아닐 수 없겠다.

다시 계절은 가을로 몸 바꾸고 갈대잎 흔드는 바람도 '뒤 안 깊이 스며든' 폭염을 물 건너온 "빛바랜 시간들을 갈잎에 부리"게 하고 섬돌 밑 울어 예는 귀뚜리 소리에 가을밤만 하염없이 깊어진다는 시점에 다다랐다.

드디어 사계의 끝자락인 '겨울'이면 봄, 여름, 가을을 거쳐 온 그간의 시간들과 더없이 아름다운 풍경의 시간이 펼쳐진다. 이제 설국의 고요는 둥지처럼 고적하고 눈 덮인 암자는 눈이불 아래 잠이든 성자처럼 안온하기만 하다. 여기에다 소리 낮춘 계곡물은 북풍받이 바람을 받아 더없이 아름다운 눈꽃을 피우고 있다. 세상은 완전한 침묵이고 청대 숲을 나는 산새 몇 마리의 날갯짓에 깨는 적막은 그 자체로 한 폭의 그림처럼 평화롭다. 일 년의 시간과 풍경이 시 네 수에 흠뻑 담긴 것을 차례대로 음미하는 아름다운 자리였다.

> 뿌리는 매의 발톱 대지大地를 움켜쥐고
> 장마 태풍 몰아쳐도 꿋꿋하게 자리하니
> 마음의 근본을 다잡아 흔들림 없이 살라하고,
>
> 하늘 향해 곧게 크되 사시장철 푸르니

큰 뜻과 고귀한 인품 꺾일망정 굽히지 않고
임 향한 늘 푸른 마음 군자의 덕목이요,

마디마다 절節을 하되 그 속은 비었으니
제 분수 제가 알아 굽은 길로 가지 말고
무소유 정신 하나로 집착을 버리라네.

한 매듭에 가지하나
천千 가지에 만萬의 잎이
제각기 제 맘대로 부딪히고 흔들려도
한 뿌리로 곧게 서서 억조창생 다스리고
잠깐 스친 바람에도 파도소리 자아내니
세파에 지친 중생들의 영혼까지 씻는다네.

꽃이랑 열매랑은 욕심내지 않아도
자손만대 번창하니 부러울 게 하나 없네.
한때 피는 꽃이란
철 지나면 자취 없고
시공 속 삼라만상
세월 가면 사라지니
욕심은 부질없는 것
붙잡아 무엇 하리.

열 가닥 스무 가닥 닿는 대로 쪼개져서
대바구니 대 돗자리 죽침에 죽부인까지
기꺼이 목숨을 바쳐 홍익정신 실천하고,

마디 잘라 구멍 내어 지그시 숨 고르면
오묘한 율려律呂되는 만파식적萬波息笛 내 몸이요,
인생 고해 거친 풍랑도 피리 불어 잠재우니
천하가 태평하구나, 중생구제衆生救濟 내 뜻일세.

-「대나무경經을 읽다 - 죽녹원에서」

이 세상에는 수많은 시인들이 존재한다. 그들은 저마다 개성 또한 다르고 문학의 아름다움을 천 갈래 만 갈래로 담보하여 감동적인 아름다움의 이유가 되고 있다. 이 자리에서 굳이 이 말을 꺼내는 것은 김진혁 시인의 이 작품에서 그의 시적 장처長處인 '가사문학성'을 숨김없이 읽은 때문이다. 김진혁 시인의 가사시적 재능은 이제 한 굽이의 묘미를 터득한 것으로 필자는 생각한다.

그래서 시조시의 형식적 전개에 우선하여 가사시를 풀어내는 시적 재능을 보다 활발하게 풀어낼 일을 주문하고자 한다. 그런 의미에서 김진혁 시인에게 시조는 형식적으로 비좁은 감이 있었다. 그것을 여실하게 살필 수 있는 것이 바로 가사시를 통한 그의 창작적 면모가 드러난다. 그런 의미에서 보면 분명 시조와 가사시는 시적 체질은 비슷하면서도 다른 두 개의 독자적 세계를 소유하고 있다는 사실을 감득할 수 있다. 어쩌면 김진혁 시인에게 가사시의 창작은 '물 만난 고기'라는 표현이 마땅하다고 생각되는 지점이기도 하다.

7수로 짜여진 「대나무경經을 읽다」는 시조의 정격 율

조인 평시조가 4수이고 시조의 몸통 부분이 가사적으로 확장된 사설시조가 3수 등 7수로 작품의 주제를 전체화하고 있다.

김진혁 시인은 대나무의 뿌리를 일러 대지를 움켜쥔 '매의 발톱'이라고 하였다. 그런 탓에 '장마 태풍'이 몰아쳐도 꿋꿋하게 지탱하는 대나무의 뿌리에서 시인은 흔들림 없는 삶에의 근기根氣를 가르치고 있다. 하늘을 향해 곧고 푸르게 사시장철 곧은 정신을 올려 세운 대나무는 '꺾일망정 굽히지 않'는 큰 뜻과 고귀한 인품이 바로 선비세계의 표징이라 할만하다. 마디마디를 나누되 속을 비워둔 것은 굽은 길로 가지 말고 제 분수껏 살라는 메시지와 집착을 버린 진정한 의미의 '무소유 정신'을 노래한 것이다. 무소유가 우리의 심중을 울리는 것은 비우지 않고는 소리가 나지 않는다는 원리에 터잡고 있다.

김진혁 시인이 이 작품에서 보인 시적 언어적 활달함은 이제 부터다. 한 매듭에 가지 하나 "천 가지에 만의 잎"을 팔랑이면 세상에 존재하는 억조창생이 한자리에서 연상된다. 그리고 저마다 부딪히고 흔들려도 "한 뿌리로 곧게" 서있는 올곧은 모습에서 잠깐 스친 바람에도 파도소리를 자아내어 세파에 지친 중생들을 영혼까지 씻는다는 삽상함을 노래하고 있다. 대나무는 꽃이나 열매에서도 욕심내지 않고 무심상하지만 자손의 번창 또한 부러울 것 없을 만큼 무성하기만 하다. 세상살이란

게 욕심낸다고 그 욕심대로 살 수 없다는 걸 가르친 잠언이라 하겠다. 그러면서 열두 가닥 스무 가닥 되는대로 쪼개서 바구니야 돗자리야 죽침에 죽부인까지 오만가지 가재도구를 제작하는 대나무가 가히 홍익인간의 이념을 실천하고 있다는 것이다.

### 백설을 헤아려 구름 위로 깨끗함을 겨루고

이제 이 작품의 마무리에 들어가기로 하자. 마디를 자르고 구멍을 내면 오묘한 율려律呂를 종횡무진 뽑아내는 만파식적이 '내 몸'이라 하였다. 이들 소리의 조화로 인간세상의 고해나 거친 풍랑도 간단없이 잠재우고 모든 걸 이루었다는 얘기다. 태평천하에 중생구제라! 대나무의 천 가지 만 가지 정신과 미덕을 굽이굽이 펼쳐낸 「대나무경經을 읽다」는 그런 의미에서 대나무의 형상적 미덕도 살피고 김진혁 시인의 열린 사유의 흐름과 갈래도 정신의 차원에서 살필 수 있었다. 죽녹원이라는 대숲이 시인의 사유의 숲으로 확장된 작품이라는 의미이다.

엄동의 뼈가 녹아 새벽안개 부른다
햇살 자락 조심스레 언 하늘 걷어내니
바위서리 에돌아 흐르는 물소리에
늦잠 깬 봄의 화신花神 서둘러 눈 비비고
메마른 가지마다 꽃망울 깨우면서
벌 나비 유혹하듯 봄날을 희롱하듯

오방색향五方色香 풀어내니 온 산 향기 가득하다
오남정 샘물가 푸른 이끼 얼굴을 씻고
피라미 떼 노는 곳에 다람쥐 구경 왔네
제월당 기웃대는 샛노란 산수유는
꽃인 듯 이파린 듯 도톰도톰 피어나고
이제 막 깬 백목련 하얀 속살 눈부신데
새잎 틔워 섞어 피는 연분홍 진달래 꽃

가는 봄
아쉬워하며
꽃잎들이 지고 있다.

금방 열린 파란 하늘 뭉게구름 정겹다.

따가운 햇살 바늘 쏟아지는 광풍각엔
진초록 잎새 무르녹아 녹음 더욱 짙어오고
폭염을 찢어내는 날이 선 매미소리
시퍼런 폭포가 되어 정수리에 쏟아진다
청량한 바람자락 대숲 속을 맴돌지만
더운 숨을 몰아쉬는 배롱나무 힘이 겹다
한바탕 소나기로 머리감은 버들 잎새
동백기름 바른 듯 초록빛이 영롱한데
순채 둥근 이파리는 빗방울을 털고 있다
웃통 벗은 오곡문은 조담 아래 물길 트고
소나기로 넘친 계곡 물소리 요란한데
어디서 날아왔나 볕에 익은 잠자리 몇,

장대 끝
맴을 돌다가
한가로이 담을 넘네.

처서 햇살 누그러지니 골 그림자 서늘하다.
매대梅臺밭 한 모퉁이 늦게 핀 국화송이
찬 이슬 머리에 이고 노랗게 저무는데
서리 맞아 놀란 억새 얼굴빛이 창백하다
길 잃은 대숲 바람 애양단 뒤뜰을 돌아
빛바랜 시간들을 조담 아래 부리는데
해묵은 석류나무 나이도 잊었는지
일찌감치 꽃을 피워 벌 나비 부르더니
못생긴 열매 서너 가지 끝에 달아 놓고
스스로 가슴을 열어 빨간 속을 내 보인다
바람은 대숲에서 이별의 피리를 불고
돌담 밑 풀벌레소리 가슴 파고드는데
언제쯤 솟았을까 휘영청 밝은 달은

제월당
용마루에 앉아
그리움 엮고 있다.

어젯밤 검은 구름 달그림자 가리더니

이 아침 깨어보니 은백색 환한 세상
아늑한 소쇄원은 둥지처럼 고적孤寂한데

대봉대는 꽃발을 들고 동구 밖을 기웃대며
혹시 누가 오시는가 귀를 쫑긋 세운다
솔가지에 쌓인 눈이 바람에 흩날리자
눈 속에 갇힌 치자 붉은빛이 영롱하다
꽁꽁 언 조대물통 갈 길 몰라 서성이고
상하지上下池 마른 갈대 살얼음만 앉히는데
눈 쌓여 휘인 대숲 소리치며 일어나니
깜짝 놀란 산새 서넛 적막 털고 달아난다
삭풍은 날을 세워 고드름 엮는 사이
밤새도록 눈이 쌓여 솜이불을 펼친 산천

소쇄원
숨을 죽인 채
겨울잠에 들었다.

-「소쇄원 사계四季를 거닐다」

「소쇄원 사계四季를 거닐다」를 독서하기 전에 얼마간의 메모를 더하기로 한다. '소쇄원'의 '소쇄'란 말은 육조六朝시대 공치규孔稚珪의 '북산이문北山移文'에서 연유했다고 한다. 이에 이르되 "…은자隱者는 속됨을 털어낸 밝은 의표와 세속의 더러움을 벗은 소쇄한 생각으로 백설을 헤아려 깨끗함을 겨루고 푸른 구름 위로 올라감을 이제야 알겠구나"라 하였다.

소쇄원과 이웃한 지곡리는 서하당 김성원이 세운 식영정과 송강 정철의 환벽당이 지척 간에 위치한 절경이다. 당나라의 이덕유李德裕가 그 자제에게 평천장平泉莊의 나무 하나, 돌 하나라도 타인에게 양도하지 못 하도록 한 '처사공실기處士公實記'의 고사故事를 들어 양산보梁山甫 역시 소쇄원을 어느 후손에게도 단독 소유가 되지 않게 할 것을 유언하였다.

계곡 건너편의 덩실한 기와집이 광풍각光風閣이다. 그 뒤로 높다란 축대 위에 제월당霽月堂이 산뜻한 이웃처럼 솟아있다. 광풍각이나 제월당은 송나라 황정견黃庭堅이 주돈이周敦頤의 사람됨을 가리켜 "가슴에 품은 뜻의 맑고 밝음은 마치 비갠 뒤에 햇빛이 나며 부는 바람과 같고 맑은 날 떠오르는 달빛과 같다."고 한 데서 '광풍'과 '제월'을 차용한 것이다.

소쇄원의 대나무 숲은 댓잎을 흔들어 바람소리가 사시사철 생황소리를 내는 곳이다. 광풍각이 손님과 담소하는 공간이라면 제월당은 주인이 즐겨 머문 독서 공간이다. '제월당'을 제자題字한 우암 송시열의 글씨에서 당대의 호방한 풍류를 읽을 수 있고 벽오동 옆에 '대봉대待鳳臺'란 초정草亭에 이르면 봉기불탁속鳳飢不啄粟(봉황은 굶주려도 좁쌀을 쪼지 않는다)이라 한 봉황의 높은 품격에서 세상이 어지러우면 나가지 않고 유유자적하던 소쇄원 주인의 겸손한 마음을 엿볼 수 있다.

대봉대를 끼고 오곡문五曲門이 둘러쳐진 담장에는 바위를 감싸는 물소리와 소쇄처사양공지려廬라 쓰인 매대梅臺가 5,6월 햇살을 받으면 맑은 물에 귀를 씻고 동산 위 밝은 달에 눈을 닦았다는 옛 선비들의 선속仙俗을 이해할만하다. 소쇄원은 당대 선비들이 주변 풍광을 관상하며 여유를 즐긴 명소요 국가적 이상을 토론하던 담론의 산실이었다. 원효계곡에는 식영정, 환벽당, 독수정 등의 정자원림이 위치하는데 이 중 소쇄원은 주거기능을 갖춘 한국 최고의 별서원림別墅園林이라 할 수 있다. 소쇄원의 풍모는 양산보의 사돈인 하서 김인후가 1548년 당시 소쇄원을 운율로 스케치한 48수의 시제인 「소쇄원 48영」에 고스란히 전하고 있다.

### "이 아침 깨어보니 은백색 환한 세상"이

김진혁 시인의 풍경시 「소쇄원 사계四季를 거닐다」는 자연의 기질과 표정에서 이면의 의미를 살피고 궁극적 형상에 나아가는 것으로 필자는 생각한다. "엄동의 뼈가 녹아 새벽안개 부"르는 시간은 만물이 기지개를 켜고 향상과 성장을 거듭하는 봄철이었다. 그쯤 되었으니 언 하늘을 조심스레 걷어내는 햇살에다 바위서리를 에돌아 흐르는 물소리에다 원근 간에 서둘러 눈 비비는 화신花神에다 부푼 가지마다 벌, 나비 희롱하는 꽃망울의 봄날이로다. 온 산에 향기 가득 '오방색향五方色香'을 풀어놓고 세상이 이리 활발하니 오남정 샘물가에 파릇거리는 이끼에다 얼음 풀린 냇가에 꼬리치며 노니는 피라미 떼를 보노라면 사람도 산천도 구경나온 다람쥐와 진배없겠다. 바야흐로 "꽃인 듯 이파린 듯 도톰도톰 피어나"는 꽃무리는 "제월당 기웃대는 샛노란 산수유"일 수도 있고 눈부신 하얀 속살의 백목련이거나 새잎 섞어 피는 연분홍 진달래일 수도 있다. 그것들이 약속이나 하듯 시간의 흐름을 맞춰 지금 아쉽게 지고 있는 것이다.

계절은 "햇살 바늘 쏟아지는 광풍각"을 보여주고 진초록 잎새 뒤에 폭염을 녹여내는 '날이 선 매미소리'가 계절의 정수리에 낙차 큰 폭포처럼 쏟아지고 있다. 맹위를 떨치는 무더위 앞에 바람소리는 대숲자락이나 맴돌뿐 더운 숨을 몰아쉬는 배롱나무나 잠깐 내린 소나기로 머리 감은 버들 잎새는 동백기름을 바른 듯 초록빛이 영롱하다. 이 자체로도 이 작품은 풍경묘사가 한 굽이에 접어든 절창이라 하겠다. 잎이 둥근 순채는 빗방울을 털고 있고 오곡문 조담 아래 물이 넘치는 계곡, 어디서 넘어왔나 볕에 익은 빨간 잠자리 몇, 그것들이 앉을까 말까 맴을 돌다가 장대 끝에 한가로이 담을 넘은 뒤 찬 이슬 머리에 이고 서늘한 물그림자를 드리운 가을이 왔다.

제월당과 광풍각은 소쇄원을 상징하는 대표적 공간이나. 소쇄원은 선비들이 자연 속의 풍경을 거닐고 시화를 열거나 문·사·철을 논하고 잘못된 정치현실을 논박하던 풍류와 토론의 공간이었다. 이 같은 곳에 가을이 왔으니 매대 한 모퉁이의 노란 국화처럼 저무는 소쇄원의 풍경은 서리 맞은 억새의 얼굴빛과 어울리면서 더 없이 소슬하였겠다. 애양단 뒤뜰을 돌아 대숲 바람에 해묵은 석류나무도 꽃 피우기에 바쁘더니 어느덧 빨간 석류를 달고 이별가가 한창이다. 가슴을 파고드는 '돌담 밑 풀벌레소리'에다 휘영청 밝은 달을 배경 삼아 용마루에 오른 시인의 그리움은 을씨년스럽기까지 하다.

"어느 날 아침에 일어나니 유명해져 있었다."라고 한 영국의 시인 바이런처럼 김진혁 시인에게도 간밤에 달 그림자 검은 구름이 무성터니 "이 아침 깨어보니 은백색 환한 세상"이 펼쳐진 것이다. 둥지처럼 고적한 채 겨울잠에 든 소쇄원의 아늑함에 귀를 쫑긋 세운 대봉대는 누군가를 간절하게 기다리는 가부좌가 분명하다. '대봉대待鳳臺'는 봉황새를 기다리는 누대라는 말이지만 이 말의 또 다른 의미는 이백의 「등금릉봉황대登金陵鳳凰臺」에서 유래한 것은 아닌지 모르겠다.

솔가지에 쌓인 눈이 바람에 흩날리자 눈 속에 갇힌 붉은 치자 빛이 영롱하게 보였다는 대목은 자못 시적 재치가 넘친다. 꽁꽁 언 조대 물통이라든지 상하지上下池 마른 갈대가 찬바람 속에 놓였다든지 등은 허리가 휜 채 눈을 인 대숲과 짝을 이루어 소리치며 일어나는 광경은 흡사 근육이 꿈틀거리는 듯 역동성이 읽힌다. 그때 적막을 털고 날개 쳐 나는 산새의 포즈라든가 밤새워 고드름을 기른 삭풍의 시간에도 두툼한 솜이불을 덮고 아는 듯 모르는 듯 겨울잠에 든 소쇄원은 더없이 차분하다.

「소쇄원 사계四季를 거닐다」는 하서 김인후 선생의 소쇄원 48영이 연상되는 자리에서 이 작품에 대한 평설

이 길어졌지만 김진혁 시인의 가사시적 입심이 잘 드러난 작품이란 점에서 반복해서 독서한 작품임을 밝히고 싶다. 우리 선인들은 다섯 방위를 상징하는 색을 정하여 오방색이라 하였었다. 실인즉 동쪽은 청색, 서쪽은 흰색, 남쪽은 적색, 북쪽은 흑색, 가운데는 황색 등을 이르는 말인데 「소쇄원 사계四季를 거닐다」에는 '오방색향'이라는 말이 어울리게 등장한다. 이 말은 첫눈에 색과 향이 폭포처럼 덮쳐드는 느낌을 받는다. 요컨대 다섯 방위만을 의미하는 게 아니고 그에 따른 향기까지도 온 산천을 가득 채우는 미만彌滿의 의미이니 여북이나 폐활량 가득 광활하다 하겠는가.

언젠가 돌아갈 바람집 한 채 짓습니다.
푸르던 지난 날 단풍 되어 떨어지고
앙상한 뼈대만 남아 울음소리 듣습니다.

못 잊을 그리움이 하늘을 덮습니다.
칼바람 가지 끝에 풍진 세상 얽어매어
내 영혼 그리움 한 채 하늘가에 매답니다.

내 모든 것 버리고 가야 할 날 있겠지만
또 새로운 한 계절 잊지 않고 주심이
이토록 눈물겨움을 이제야 알겠습니다.

-「겨울나무 2」

'하늘가에' 매단 바람집 같은 내 영혼의 그리움 한 채가 결곡하게 집 지어진 작품이 「겨울나무 2」이다. 여기에서 우리는 "이토록 눈물겨운" 새로운 한 계절을 소망하는 시인을 만날 수 있다. 시인은 푸르던 지난날이 단풍 되어 떨어진 다음에야 "앙상한 뼈대만 남아 울음소리"를 듣는 추운 겨울을 떠올리고 있다. 시인이 이 자리에 오기까지는 봄, 여름, 가을을 거친 다음의 일이고 거기에서 문득 하늘을 덮을 만큼 '못 잊을 그리움'을 저작詛嚼하는 시인을 본다.

시인에게 무엇이 그리도 잊히지 않는 장엄한 그리움이었는지를 우리는 알지 못한다. 다만 그 자리에서 더더욱 깊은 곳까지 희구하는 시인의 처지는 생각하는 것만도 아름답다. 이 풍진 세상에서 나뭇가지를 흔드는 것은 칼끝처럼 파고드는 매서운 바람이었을 터이다. 그럼에도 벌거벗은 몸으로 하늘을 향해 임립한 겨울나무는 강인함 그 자체이고 미구에 닥칠 소생의 봄을 간구하는 희망의 자리에 위치해 있다. 겨울나무의 홀가분함에는 반어적이지만 희망을 보는 강인함이 읽힌다. 그리고 하늘가에 서린 내 영혼의 그리움 한 채를 등불처럼 내다거는 시인의 모습 또한 아름답게 다가온다.

### 한 땀 한 땀 수를 놓듯 종이학을 접는 일

계절의 순환성은 이내 가고 오는 것, 그것을 회전하면 원통으로 놓인 자연의 질서를 노래하게 된다. 그래서 양광을 받아 새순이 싹트고 새순은 자라서 신록으로 우거지고 그런 다음 조락과 절정의 결실을 보이는 자리에서 우리는 자연이 예비한 가을이라는 "또 새로운 한 계절"을 우리의 다음 시간처럼 만날 수 있다.

목숨을 거두는 일 살기보다 쉽다던가.
희수喜壽를 바라보며 찾아 온 파킨슨을
더 이상 버릴 수 없어 꼭 껴안고 떠났다.

꺾을 수 없는 자존심을 깎아내고 또 벼리어
뼈만 남은 심지로 화살 한 촉 다듬더니
이승의 하늘을 울린 울울한 시위소리.

떠난 후 이 세상은 변함없이 그대론데
구름처럼 피어나는 그리움의 하늘 있어
조각 진 마음을 접어 학 한 마리 날려 본다.

-「종이학을 접으며」

소원을 빌기 위해 종이학을 접는 것은 널리 있는 행위 중의 하나이다. 필자가 일본에 머물고 있을 때 히로시마 공원을 찾은 적이 있다. 그곳에는 정말 이 세상에 날리기 위해 접은 모든 종이학을 한자리에 모아놓은 것 같은 수많은 종이학들이 공원의 여기저기에 운집해 있었다. 아시는 것처럼 제2차 대전 때 히로시마와 나가사키 두 곳에 원자탄이 투척되었고 일본이 두 손 들고 항복

하는 통에 종전과 함께 우리도 36년의 식민강점체제를 벗어날 수 있었다. 이 일로 우리는 꿈에도 그리던 해방을 맞았지만 침략자 일본은 패망자의 참혹한 신세를 면할 수 없었다.

그날의 비극을 치유하기 위한 제의祭儀의 형식으로 너도 나도 접은 '종이학의 시위'가 이어지고 있었고 그 현장인 히로시마 공원을 떠난 30년 후의 지금까지도 그 기억은 선명하기만 하다. 필자가 히로시마 공원을 찾은 때는 비가 내리고 있었고 그 많은 종이학들도 함께 비를 맞고 있었는데 그때 그 광경에서 느낀 을씨년스러움이라니!

작품 「종이학을 접으며」를 독서하면서 김진혁 시인도 "구름처럼 피어나는 그리움의 하늘 있어/조각 진 마음을 접어 학 한 마리 날"리고 있다. 여기에 오기까지 시인은 희수喜壽를 바라보는 나이가 되었고 이 나이에 찾아온 파킨슨병을 더는 버틸 수 없어 도반처럼 다정하게 '꼭 껴안고' 떠나는 것으로 작품을 시작한다. 그는 여기에서 목숨을 거두는 일이 살기보다 쉽다는 생각도 했었고 "꺾을 수 없는 자존심을 깎아내고 버리어" 뼈만 남은 화살 한 촉의 심지로 종이학의 '울울한 시위소리'가 이승의 하늘을 울린 지경에 이르렀다고 하였다.

사람 사는 세상에서 떠나고 보내는 일은 항용 반복되는 것. 그럼에도 불구하고 "구름처럼 피어나는 그리움의 하늘 있어" 그 그리움을 달래기 위해 조각 진 마음을 접었고 그리움의 표상처럼 '학 한 마리 날리'는 김진혁 시인의 모습이 상상 중에 그려진다.

종이학을 얼마나 접어야 마음의 소망을 이룰 수 있을까. 히로시마 공원에서 떠올린 생각들은 지금까지도 줄지 않았지만 그럼에도 사람마다 자신의 가슴에 샘물처럼 차오른 소망을 위해 두 손 모아 기도하는 심정으로 한 땀 한 땀 수를 놓듯 종이학을 접는 일은 우리가 지금까지 읽고 사유하던 「종이학을 접으며」의 한 소감이 되기에 충분하다고 여겨진다.

잘해봤자 댓 평 남짓 대를 이어 물려받은
어시장 한 모퉁이 질펀한 남해바다
주름진 세월의 이랑 마다 바다 내음 절어있다.

새벽잠 털고 나와 가로등이 깰 때까지
도마 위에 올려놓고 난도질한 바다의 혼
목숨 줄 법당에 걸고 매일 탑을 쌓았다.

눈 흘기는 초승달을 딩산나무에 걸어 놓고
파도살에 안주 삼아 얼큰히 취한 귀가 길에
한 많은 팔십 성상이 유성 되어 사라졌다.

-「어시장 김노인」

어시장 김노인과 바다는 이미 일심동체로 읽히는 사물이다. 그들을 제각각 떼어 놓으라면 샴쌍둥이처럼 둘은 목숨을 한꺼번에 잃어버릴 것만 같다. 그만큼 바다는 김노인의 삶에 깊숙이 밀물져 진입해 왔고 김노인은 바다를 향해 썰물처럼 밀려가며 뒤섞여 있다. 실패를 해도 사랑하는 사람만 곁에 있으면 절망하지 않고 살아갈 수가 있다. 그러나 성공하더라도 사랑하는 사람이 떠나버리면 그 성공이 무의미해진다는 것은 원 근간에 많은 사례가 이야기한다. 어시장 김노인에게도 이 말은 그대로 적용되는 말이기 때문이다.

바다와 함께 김노인은 매일 법당에 목숨 줄을 걸어놓고 탑을 쌓듯 살아갈 수 있었다. 벼랑 끝에서도 등을 기댈 그 무엇만 있으면 절로 힘이 나는 것이 인간 세상의 일이다. 그런 의미에서 "새벽잠 털고 나" 온 김노인을 악착스레 살아가게 하는 소거消去할 수 없는 추진력이 바다가 아니었나 싶다. 생의 마지막 가는 길까지 파도를 안주 삼아 얼큰히 취한 김노인은 이제 하늘 저 먼 나라에서 유성이 되어 한 점 빛으로 바다의 품에 안겨 출렁이고 있으리라. 노인이 누운 세상이 댓 평 남짓한 남해 바다였을망정 거기서 함께 어우러져 뒹굴며 산 세월이 자못 웅숭깊어 필자는 한참 동안이나 그 여운에 젖어들었었다. 나무가 모여서 숲이 되고 사람이 모여서 세상이 되는 것은 평범한 이치이다. 그런 의미에서 사람의 천년 눈빛은 숲이 만든 천년의 바람과 동일하다. 이게 바로 김노인과 바다의 관계가 잠언처럼 우리의 심장에 젖어드는 이유이다.

### 그리움만 풍성하면 시인은 참 행복한 존재

시인의 생래적 서정성은 결국 그리움의 견인 여부에 귀착될 수밖에 없다. 그런 의미에서 그리움은 시인에게 생의 마지막 순간까지 그림자처럼 이어진 숙명성 그 자체라 해도 과언이 아닐 것이다. 그리움의 유무는 시인의 숙명성에 이어진 문제이다. '그리움'이라는 추진력에다 언어라는 지렛대만 있으면 시인은 이 지상에서 능소능대 무소불위 그야말로 못할 것이 없는 전지전능한 권력자가 되는 것이다. 그런 의미에서 그리움만 풍성하면 시인은 참으로 행복한 존재이며 자신을 여러 의미로 상차릴 수가 있다. 김진혁 시인의 그 그리움을 떠받친 작품들을 우리는 다음처럼 독서할 수 있었다.

'담장 너머 탐스러운' '우윳빛 꽃봉오리' 앞에서 가슴만 콩콩 뛰었던 '첫사랑 순이' 생각을 소환한 「백목련」, 그리움이 폭포처럼 장엄하지만 매미울음소리를 듣는 화자 또한 감감무소식이던 '그대 소식'을 울혈처럼 풀어낸 「매미울음」, 가창오리 떼가 사라진 텅 빈 하늘에 여운처럼 번진 붉은 노을이 극지방의 오로라처럼 신비롭게 읽히는 「풍경」, 바람이 몹시 부는 날 이파리를 날개 만들어 활개 치는 나무는 그 자체로 시인의 종횡 무진한 상상력이 그리움이라는 기구를 타고 허공중에 가득 나는 일이며 이를 폐활량을 양껏 가늠케 한 「나무 날다」, 얼레에 묶어 덕장에 매단 굴비는 달뜨는 밤이면 불어오는 해풍에 비릿한 바다 내음을 날리며 세월아 네월아 깊은 잠에서 숙성의 시간을 가졌을 「굴비」, 생가슴을 허물어서 "모래가 될 때까지" 뒤따르는 파도의 연이은 연동현상을 그리움의 반복행위로 관찰한 「파도」, 배경이 좋은 집이나 두뇌가 우수한 가계에서 태어난 사람과 물이 풍부한 옥토에서 싹을 틔우는 씨앗과 다를 바 없다는 「꿈꾸는 씨앗」, '둥지 튼 달'을 눈썹 끝에 매달고 온 달을 '머리말에 뉘어놓고' 소리 없이 울던 시인의 모습을 노래한 「달」, 설국의 고요는 둥지처럼 고적하고 눈 덮인 암자는 눈이불 아래 잠이 든 성자처럼 안온한 침묵이다. 이때 청대 숲을 나는 산새 몇 마리의 날갯짓에 잠을 깨는 네 계절의 풍경을 차례대로 음미하게 한 「약사암 사계」, 한 매듭에 가지하나 "천 가지에 만의 잎"을 팔랑이면서 억조창생을 연상하듯 부딪치고 흔들려도 "한 뿌리로 곧게" 서있는 대나무에서 파도소리로 지친 중생들을 영혼까지 씻게하는 「대나무경을 읽다」, "은백색 환한 세상"이 펼치고 둥지처럼 고적한 채 겨울잠에 든 소쇄원의 아늑함에 귀를 세운 대봉대는 봉황새를 기다리는 천년의 운치가 읽히는 「소쇄원 사계를 거닐다」, 계절의 순환성은 이내 가고 오는 것, 그것을 회전하면 양광을 받아 새순이 싹트고 새순은 신록으로 우거지고 조락과 절정의 결실을 보이는 자리에서 자연이 예비한 가을이라는 "또 새로운 한 계절"을 만나게 하는 「겨울나무2」, 사람마다 자신의 가슴에 샘물처럼 차오른 소망을 위해 두 손 모아 기도하며 한 땀 한 땀 수를 놓듯 종이학을 접는

「종이학을 접으며」, 생의 마지막 길목에서 파도를 안주 삼아 얼큰히 취한 김노인은 이제 하늘 저 먼 나라에서 유성이 되어 한 점 빛으로 바다의 품에 안겨 있으리란 「어시장 김노인」 등에 이르렀다.

이들은 이미 시인의 생애의 본래성을 제공한 고향산천이나 어머니, 심지어는 나무 한 그루까지도 무심할 수 없는 시인만의 그리움의 정서와 깊숙이 맞닿아 있다. 김진혁 시인의 요량한 그리움은 자신의 작품창작을 위한 마르지 않는 샘자리이면서 시인의 눈과 마음이 찾아 들어간 만물상 같은 꽃 궁궐이다. 끝없이 갈증을 느끼면서도 오아시스처럼 사시사철 물 흐르는 '그리움'이라는 에너지는 김진혁 시인의 '오늘'을 담보한 시적 추진력이면서 미래로 향하는 파라다이스 그 자체라 할 수 있다.

어찌 그리움에 기대지 않고 시인이라는 그 기나긴 문학적 여행을 짐 꾸릴 수 있었을까를 생각하면 그리움은 시인의 생의 시간을 밀고 가는 덜어낼 수 없는 추진력임을 알게 된다. 그 같은 숙명성과 추진력이 40년 넘는 세월을 시조작품과 동행하거나 불면하게 하였으며 근자에 불붙은 가사시의 사통팔달을 강물처럼 열어가는 참 행복한 시인이라는 사실을 새삼 상기하고 싶다.

다시금 반복 언급하자면 김진혁 시인의 시적 장치는 가사시에 있다는 점을 강조하고 싶다. 평론의 고무적 포즈는 작가가 인지하지 못한 문학적 장치를 찾아서 알리는 일인데 앞에서 우리가 독서한 대로 이를 증거 하는 일이 장형화한 시조의 진술에서 잘 드러나고 있다. 가사시적 상상력과 언어적 오지랖 내지는 광폭행보가 김진혁 시인의 시적 시공時空을 무한 확장할 것을 감 잡게 하리라는 생각이다. 언어적 구속에서 무한자유를 획득한 김진혁 시인의 표현력은 마치 갈증의 단계에서 물 만난 고기처럼 능소능대한 가사시의 한 지평을 펼쳐가는 단계에 접어들었다고 여겨진다. 필자는 김진혁 시인의 이 같은 시적 장치를 가사시 창작의 초장부터 감지한 터여서 그의 작품을 평가하는 자리에서 "달리는 말에 채찍질" 하더라고 더더욱 몰빵할 것을 격려하고 싶다.

### 젖 먹을 적 힘까지 모아 가사시에서 우뚝하기를

그가 보인 가사시에 펼친 오늘의 언어들은 그의 또 다른 문학적 우주공간을 운행하리라는 확신을 감출 수 없다. 그것을 반증하는 일은 이미 그가 쏟아낸 여러 편의 가사작품들이 증거 하는 터이고 그것들을 객관화할 수 있는 시조시와 가사시의 상대적 비교에서도 여실해지고 있다. 그의 가사시에의 독려는 지금까지 보인 시조시의 성과가 미약하다는 의미와는 별개의 문제이다. 그리고 마무리의 자리에서 젖 먹을 적 힘까지 집중하여 가사시의 세상에 보다 우뚝하기를 소망하는 한 사람의 독자가 갖는 응원이기도 하고 그의 가사시의 진입을 향해 사통팔달한 추진력을 주문하는 까닭이기도 하다.

김진혁 시조집 6
나무 날다

2023년 2월 10일 인쇄
2023년 2월 15일 발행

지은이 | 김 진 혁
펴낸이 | 강 경 호
인쇄·기획 | 도서출판 시와사람
등 록 | 1994년 6월 10일 제 05-01-0155호
주 소 | 광주시 동구 양림로119번길 21-1(학동)
전 화 | (062)224-5319
팩 스 | (062)225-5319
E-mail | jcapoet@hanmail.net

ISBN 978-89-5665-662-5 03810

값 12,000원


· 이 책은 2022년도 한국예술인복지재단 창작준비금지원사업으로 발간되었습니다.

공급처 ■ 한국출판협동조합
경기도 파주시 탄현면 오금로 30
주문전화 (02)716-5616, 070-7119-1740